DEN ULTIMA EGYPTISKA GATA MATEN 2024

Utforska den rika gobelängen av egyptiska smaker genom 100 läckra recept

Albin Abrahamsson

Copyright Material ©2024

Alla rättigheter förbehållna

Ingen del av denna bok får användas eller överföras i någon form eller på något sätt utan korrekt skriftligt medgivande från utgivaren och upphovsrättsinnehavaren, förutom korta citat som används i en recension. Den här boken bör inte betraktas som en ersättning för medicinsk, juridisk eller annan professionell rådgivning.

INNEHÅLLSFÖRTECKNING

INNEHÅLLSFÖRTECKNING 3
INTRODUKTION 6
FRUKOST 7
   1. Krämig vetebärflingor [Bileela] 8
   2. Ägg med tomater och fetaost [Beid bil Gebna wa Tomatum] 10
   3. Yoghurt med honung [Zabadi bil 'Asal] 12
   4. Söta nötfyllda pannkakor [Atayef] 14
   5. Färgade ägg [Baid Mil'on] 17
   6. Balila [frukostskål med kikärter] 19
BRÖD 21
   7. Traditionellt Korbanbröd [Aish Qurban] 22
   8. Vitt pitabröd [Aish Shammi] 24
   9. Beduinbröd [Aish Bedawi] 26
   10. Egyptiskt fullkornspitabröd [Aish Baladi] 28
   11. Nubiskt bröd [Aish Nubi / Maltoud] 30
   12. Eish Baladi [egyptiskt tunnbröd] 32
FÖRRÄTTAR 34
   13. Nötköttfyllda brödtrianglar [Sambusak bil Lahma] 35
   14. Taameya [egyptisk falafel] 37
   15. Hawawshi [egyptisk köttfylld pita] 39
   16. Söta fritters toppade med sirap [Lomut al Adi] 41
   17. Egyptisk Fava Falafel [T'amaya] 44
   18. Röda linskroketter [Koftat Ads Ahmar] 47
   19. Fingrar för kött och bulgurvete [Kibbeeba] 49
   20. Söta fritters med citronsirap [Balahe Sham] 52
   21. Blandad nöttallrik [Tabaa M'kassarat] 55
   22. Fava Bean Puree [Fuul Medammes] 57
   23. Phyllo trianglar fyllda med lamm [Sambusak bil Lahma Dani] .. 59
   24. Salta filobakelser med kött [Gulasch bi Lahma] 61
   25. Auberginepuré [Baba Ghanoug] 63
   26. Macererade dadlar med apriokoser och russin [Khoshaf] 65
   27. Lupinbönor [Termis] 67
   28. Phyllo trianglar med ost [Sambousik bil Gebna] 69
   29. Diverse färsk frukttallrik [Tabaa Fakha Tazig] 71
   30. Smörgåsar med kyckling pitabröd [Shwarma bil Firakh] 73
   31. Stekt fisk med örter och tomater [Samak Fee al Forn bi Tomatum] 75
HUVUDRÄTT 77
   32. Kalkon fylld med ris och kött [Deeq Rumi Meshi Ma Roz wa Lahma] 78
   33. Helstekt lamm med potatis [Fakhda Mashwiya bil Batatas] 81
   34. Full Medames [Fava Beans Stew] 83
   35. Koshari [egyptisk lins- och risrätt] 85

36. KALVKÖTT, RIS OCH ROSTAT BRÖDGRYTA [FATTAH BIL BITELLO] 87
37. GRILLADE FÄRSKA SARDINER [SARDINE MALI] 89
38. MAKARONER MED KÖTT OCH BECHAMELSÅS [MACARONA BECHAMEL] 91
39. MATZOPAJ MED KYCKLING OCH SPENAT MED EGYPTISK VARM SÅS [MAYEENA] 94
40. ROSTADE SARDINER MED RUCCOLA [SARDEEN FEE AL FORN BI GARGHEER] 97
41. KALV- OCH POTATISTAGIN [TAGIN BITELLO WA BATATAS] 99
42. KRYDDINFUNDERADE LAMMLÄGG [KAWARA LAHMA DANI] 101
43. LINSER, RIS OCH PASTA MED KRYDDIG TOMATSÅS [KOUSHARI] 103
44. CIRCASSIAN CHICKEN [SHIRKASEYA] 106
45. EGYPTISKT RIS MED BLANDADE GRÖNSAKER [ROZ BIL KHODAR] 108
46. BEDUIN LAMMGRYTA [TAGIN LAHMA DANI] 110
47. GRILLAD MARINERAD KYCKLING [FIRAKH MASHWI FEE AL FORN] 112
48. FRITERAD NILABBORRE [SAMAK BULTI MALI] 114

SIDORÄTT 116
49. KRONÄRTSKOCKOR MED DILLSÅS [KHARSHUF BI SHABBAT] 117
50. FYLLDA VINBLAD [WARA' EL AGHNIB] 119
51. EGYPTISKT RIS [ROZ] 122
52. STEKTA AUBERGINER MED VITLÖKSDRESSING [BITTINGAN MA'LI BIL TOUM] 124
53. STUVAD OKRA OCH TOMATER [BAMYA MATBUKH] 126

SALADER 128
54. CITRUS GRÖNA BÖNSALLAD [FASOULA BI LIMOON] 129
55. KIKÄRTS-, TOMAT- OCH TAHINISALLAD [SALATA HOMMUS BIL TOMATUM WA TAHINA] ...131
56. SHEPHERD'S SALAD [SALATA BIL GEBNIT AL MA'IZ] 133
57. RUCCOLASALLAD [SALATA BIL GARGEER] 135
58. AUBERGINSALLAD MED GRANATÄPPLEMELASS [SALATA RUMAN BIL DABS RUMAN] 137
59. SALLAD MED VINDRUVOR OCH STEKTA FETABOLLAR [SALATA BIL AGHNIB WA GEBNA MAKLEYAH] 139
60. BLANDAD ÖRT- OCH VÅRLÖKSALLAD [SALATA KHADRA BIL BASSAL] 141

SOPPA 143
61. PURERAD ZUCCHINISOPPA [SHORBAT KOOSA] 144
62. JUDISK MALLOW SOUP [SHORBAT MALOUKHIYA] 146
63. KIKÄRTSSOPPA MED ZATAAR-KRUTONGER [SHURBA BIL HOMMUS] 148
64. LAMMBULJONG OCH ORZOSOPPA [SHORBA BI LISSAN AL ASFOOR] 150
65. VERMICELLI, KÖTT OCH TOMATSOPPA [SHORBAT BIL SHARLEYA, LAHMA, WA TOMATUM] 152

EFTERRÄTT 154
66. DATE DOME COOKIES [MA'MOUL] 155
67. DATUM HAROSET [AGWA] 158
68. EGYPTISK PUNDKAKA [TORTA] 160
69. TRADITIONELLA EID-KAKOR [KAHK A L'EID] 162
70. ASWAN DATE COOKIES [BISKOWEET BIL AGWA MIN ASWAN] 164
71. HONUNGSFYLLDA EID-KAKOR [KAHK BIL AGAMEYA] 167
72. FARAOS FOIE GRAS [KIBDET FIRAKH] 170
73. KÖRSBÄRSTOPPADE MANNAGRYN [BISKOWEET BIL SMEED WA KAREEZ] 172

74. Krämig apelsinpudding [Mahallabayat Bortu'an] 174
75. Semolina tårta med honungssirap [Basboosa] 176
76. Aprikospudding [Mahallibayat Amr al Din] 179
77. Roz Bel Laban [Rispudding] 181

KRYDDER 183
78. Meshaltet [klargjort smör och honungspålägg] 184
79. Dukkah [egyptisk nöt- och kryddblandning] 186
80. Tahinisås [Sesamfrönpastsås] 188
81. Shatta [egyptisk varm sås] 190
82. Bessara [Fava Bean Dip] 192
83. Vitlökssås [Toum] 194
84. Amba [Inlagd mangosås] 196
85. Sumac kryddblandning 198
86. Molokhiasås 200
87. Za'atar kryddblandning 202
88. Besara [Ört- och bönadip] 204
89. Tarator [Sesam- och vitlökssås] 206
90. Sesammelass [Dibs och Tahini] 208

DRYCK 210
91. Svart te med mynta [Shai bil Na'na] 211
92. Tamarindjuice [Assir Tamr Hindi] 213
93. Kummin te [Kummin] 215
94. Beduinté [Shai Bedawi] 217
95. Egyptisk lemonad [Assir Limoon] 219
96. Guava och kokosnötscocktail [Cocktail bil Gooafa, Manga, wa Jowz al Hind] 221
97. Hemlagad aprikosjuice [Assir Amr Din] 223
98. Varm kaneldrink [Irfa] 225
99. Lakritsdryck [Ir'sus] 227
100. Hibiscus Punch [Karkade] 229

SLUTSATS 231

INTRODUKTION

Ge dig ut på en kulinarisk utforskning av Egyptens livliga gator med "DEN ULTIMA EGYPTISKA GATA MATEN 2024", en samling som inbjuder dig att njuta av den rika gobelängen av smaker som definierar detta pulserande lands gatumatscen. Den här kokboken är en hyllning till det mångsidiga och läckra utbudet av rätter som finns på Egyptens livliga marknader och livliga gator. Med 100 noggrant utvalda recept, följ med oss när vi reser genom kryddorna, aromerna och smakerna som gör egyptisk gatumat till en kulinarisk skatt.

Föreställ dig de livliga marknaderna fyllda med doften av grillat kött, de rytmiska ljuden av försäljare som ropar ut sina erbjudanden och de färgglada uppvisningarna av kryddor och örter. "DEN ULTIMA EGYPTISKA GATA MATEN 2024" är inte bara en kokbok; det är en inbjudan att utforska äktheten och själen i det egyptiska gatuköket. Oavsett om du är sugen på värmen från koshari, fräsandet av ta'ameya eller sötman av basbousa, är dessa recept framtagna för att ta dig till hjärtat av Egyptens kulinariska gatuliv.

Från ikoniska klassiker till dolda pärlor, varje recept är en hyllning till mångfalden och innovationen som finns i egyptisk gatumat. Oavsett om du är en erfaren kock som vill återskapa upplevelsen på gatan eller en äventyrlig husmanskock som är ivrig att utforska nya smaker, är dessa recept utformade för att föra den livliga andan av egyptisk gatumat till ditt kök.

Följ med oss när vi gräver ner i den rika gobelängen av egyptiska smaker, där varje maträtt berättar en historia om tradition, gemenskap och glädjen av gemensamma måltider. Så samla dina kryddor, omfamna aromerna och låt oss ge oss ut på en utsökt resa genom "DEN ULTIMA EGYPTISKA GATA MATEN 2024".

FRUKOST

1.Krämig vetebärflingor [Bileela]

INGREDIENSER:
- 1 kopp fullkornsbär, sköljda
- ⅓ kopp socker eller honung, eller efter smak
- ½ kopp varm mjölk
- En handfull russin om så önskas

INSTRUKTIONER:
a) Kvällen innan, lägg fullkornsbär i en stor termos och täck med kokande vatten. Nästa morgon blir vetet uppblåst och mört.
b) Rör socker eller honung i vete, om så önskas, och fördela i 4 spannmålsskålar.
c) Toppa med varm mjölk och russin, om du använder.

2.Ägg med tomater och fetaost [Beid bil Gebna wa Tomatum]

INGREDIENSER:
- 1 tsk expellerpressad majs eller olivolja
- 4 [¼-tums tjocka] skivor fetaost
- 4 ägg
- 1 mogen tomat, tärnad
- Salt att smaka
- Nymalen svartpeppar efter smak

INSTRUKTIONER:

a) Hetta upp olivolja i en stor stekpanna på medelvärme. Lägg fetaskivor med några centimeters mellanrum i pannan och låt koka i 2 minuter.

b) Knäck ett ägg över varje fetaskiva och smaka av med salt och peppar. Strö tomatbitar över varje ägg och koka i cirka 10 minuter, tills ägget stelnat och osten är mjuk. Servera varm.

3. Yoghurt med honung [Zabadi bil 'Asal]

INGREDIENSER:
- 4 koppar helfet grekisk yoghurt av god kvalitet
- 4 teskedar honung av god kvalitet

INSTRUKTIONER:
a) Dela yoghurt i fyra ramekins.
b) Toppa var och en med 1 tesked honung och servera.

4.Söta nötfyllda pannkakor [Atayef]

INGREDIENSER:
PANKAKSSMET:
- 1½ tsk aktiv torrjäst
- 1½ tsk socker
- 2 koppar oblekt mjöl för alla ändamål
- ⅛ tesked salt

SIRAP:
- 1 kopp socker
- Saften av ½ citron
- 3 remsor citronskal
- ½ tsk apelsinblomvatten
- ½ tsk rosenvatten

FYLLNING:
- ¼ kopp blancherad mandel, mald
- ¼ kopp valnötter, mald rapsolja, för stekning

INSTRUKTIONER:

a) För att göra smet: Blanda jäst med socker och ¼ kopp varmt vatten. Rör om tills det lösts upp. Sikta mjöl och salt i en stor bunke. Gör en brunn i mitten. Häll i jästblandningen och 1¼ koppar varmt vatten. Vispa blandningen tills en slät smet bildas. Täck skålen med plastfolie och hushållspapper och ställ på en varm, dragfri plats. Låt jäsa i 1 timme. Smeten är klar när den är bubblig.

b) Under tiden, förbered sirapen: Kombinera ¾ kopp vatten med socker, citronsaft och citronskal i en medelstor kastrull. Rör om och koka på medelhög värme, rör ofta tills sockret lösts upp. Koka upp blandningen, sluta röra om och sänk värmen till medel-låg. Sjud i 10 minuter. Ta bort från värmen och ställ åt sidan för att svalna. När sirapen har svalnat, ta bort och kassera citronskalet. Rör ner apelsinblomsvatten och rosenvatten.

c) När smeten är klar, värm 2 msk rapsolja i en stor stekpanna. Använd en smetdispenser eller en matsked, häll försiktigt 1 matsked smet i oljan och bred ut för att bilda en 4-tums rund pannkaka. Fortsätt med lite av resterande smet, tränga inte ihop pannan.

d) När topparna på pannkakorna är fulla av hål, ta bort dem med en spatel och lägg på en pappershandduksklädd plåt med den tillagade sidan nedåt. När all smet har använts börjar du fylla pannkakorna.
e) Blanda mald mandel och valnötter tillsammans. Håll en pannkaka i vänster hand och fyll den med 1 tesked av nötblandningen på den okokta sidan av pannkakan. Vik pannkakan på mitten och tryck försiktigt till spetsen av kanterna för att försegla i form av en halvmåne. [Var noga med att inte göra en tjock ås runt kanten som ravioli, annars kommer det att få atayefen att steka ojämnt.] Lägg fyllda pannkakor på en tallrik och fortsätt att fylla och försegla de återstående pannkakorna.
f) Hetta upp 2 tum olja i en stor stekpanna. När oljan är varm, stek de fyllda pannkakorna i 2 minuter per sida eller tills de är gyllene. Ta bort pannkakor och lägg på ett fat klätt med hushållspapper. Medan de fortfarande är varma, lägg pannkakorna på ett serveringsfat och häll sirap över toppen.
g) Låt svalna tillräckligt för att hantera och servera varm.

5.Färgade ägg [Baid Mil'on]

INGREDIENSER:
- 6 vita ägg
- Skal av 2 gula lökar
- Skal av 3 rödlökar

INSTRUKTIONER:
a) Lägg 3 ägg i en liten kastrull, täck med vatten och tillsätt gula lökskal.
b) Lägg de återstående 3 äggen i en separat kastrull, täck med vatten och tillsätt rödlöksskal. Koka upp båda kastrullerna på hög värme, sänk värmen till låg och låt puttra utan lock i 20 minuter.
c) Låt ägg stå i vattnet i 1 timme; låt rinna av, låt svalna och servera eller kyl.

6.Balila [frukostskål med kikärter]

INGREDIENSER:
- 2 burkar [15 oz vardera] kikärter, avrunna och sköljda
- 2 vitlöksklyftor, hackade
- 1/4 kopp olivolja
- 1 tsk malen spiskummin
- Salta och peppra efter smak
- Hackad färsk persilja till garnering
- Citronklyftor till servering

INSTRUKTIONER:
a) Fräs hackad vitlök i olivolja i en panna tills den doftar.
b) Tillsätt kikärter, spiskummin, salt och peppar. Koka tills den är genomvärmd.
c) Garnera med hackad persilja och servera med citronklyftor.

BRÖD

7. Traditionellt Korbanbröd [Aish Qurban]

INGREDIENSER:
- 2¼ teskedar aktiv torrjäst
- 1 tsk socker
- Nypa salt
- 3 dl brödmjöl
- 1 msk extra virgin olivolja

INSTRUKTIONER:

a) Klä 2 plåtar med bakplåtspapper. Späd jäst och socker i ½ kopp ljummet vatten. Sikta ihop salt och mjöl och gör en brunn i mitten. Tillsätt jästen och ytterligare ½ dl vatten [eller tillräckligt för att göra en homogen deg].

b) Dela degen i 4 lika delar och forma till 4 [4½-tum] runda platta bröd. Placera 2 bröd på varje form, lämna dem några centimeter från varandra för att ge utrymme att höja sig. Täck bröden med en köksduk och låt jäsa på ett varmt dragfritt ställe i 1 timme.

c) Värm ugnen till 400 grader F. När brödet har jäst gör önskad design på toppen med en vass kniv och pensla topparna med olivolja. Grädda i 20 minuter eller tills de är ljust gyllene. Låt svalna något men servera varmt.

8.Vitt pitabröd [Aish Shammi]

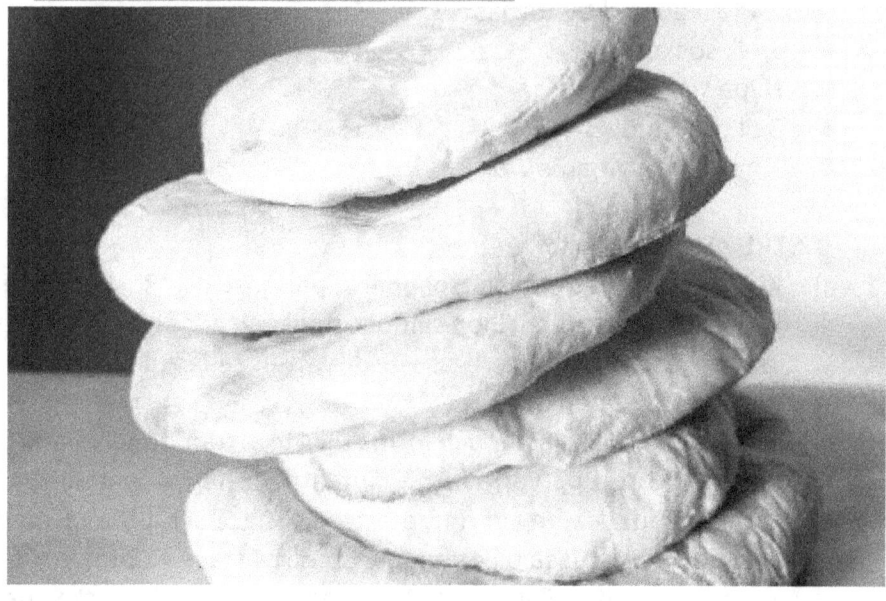

INGREDIENSER:
- 2 msk aktiv torrjäst
- 1 matsked salt
- 7 koppar oblekt mjöl för alla ändamål
- 2 matskedar extra virgin olivolja

INSTRUKTIONER:

a) Häll 2¼ koppar varmt vatten i en stor skål. Tillsätt jäst och rör tills det löst upp. Tillsätt salt och blanda sedan gradvis in mjölet till en deg. Vänd ut på en lätt mjölad arbetsyta och knåda i 10 minuter tills den är slät och elastisk, eller lägg i skålen på en elektrisk mixer försedd med krokfäste och knåda på medelhastighet i 2 minuter. Häll olja i en stor skål och lägg degen i skålen och vänd på den. Täck med en kökshandduk och låt jäsa tills den fördubblats, cirka 1½ till 2 timmar.

b) När degen har jäst, slå ner försiktigt. Dela degen i 13 lika stora delar och forma till bollar. Lägg på en lätt mjölad yta och täck med en torr kökshandduk. Låt vila i 15 minuter.

c) Värm ugnen till 475 grader F. Placera baksten eller plåt i den nedersta delen av ugnen. Rulla ut varje degboll för att bilda en 6-tums cirkel.

d) Lägg 3 cirklar på en förvärmd plåt och grädda i cirka 12 minuter, tills de är uppblåsta och börjar få färg.

e) Avstå från att öppna ugnen under de första 4 minuterna av tillagningen. Ta bort med en metallspatel eller pizzaskal och lägg i en brödkorg eller på ett serveringsfat. Upprepa med resterande degcirklar tills alla är kokta.

f) Lägg extra pitabröd i plastpåsar, förslut tätt och frys in tills de behövs.

g) Tina i rumstemperatur och värm upp under broilern.

9.Beduinbröd [Aish Bedawi]

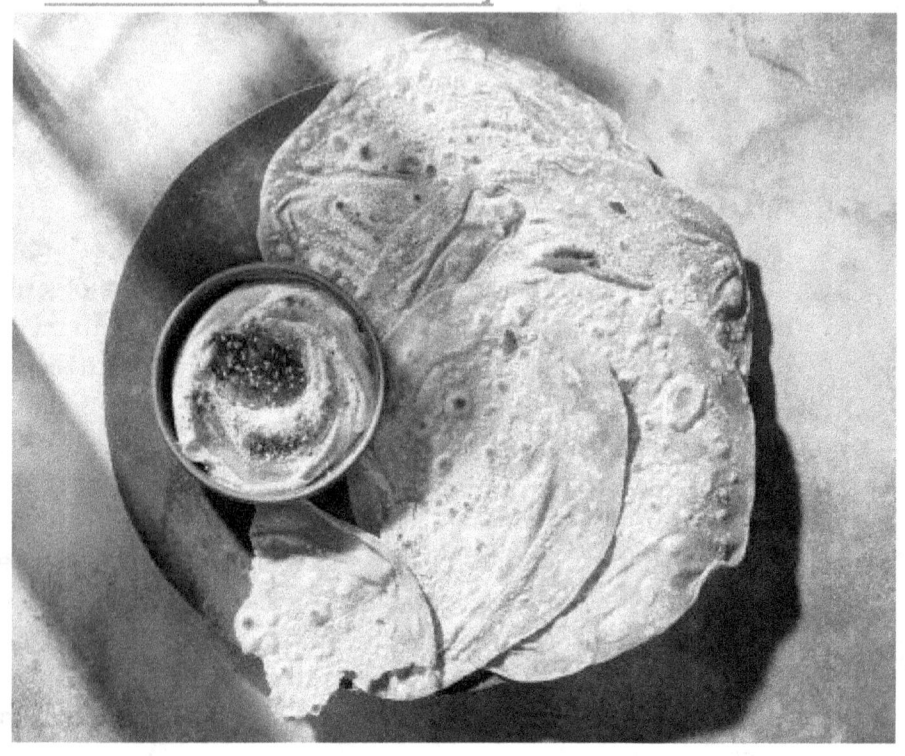

INGREDIENSER:
- 1 kopp fullkornsbakelsemjöl
- 1 kopp oblekt mjöl för alla ändamål, plus extra för att damma av arbetsytan
- Nypa salt
- 5 matskedar extra virgin olivolja eller annan matolja

INSTRUKTIONER:
a) Häll fullkornsmjöl och universalmjöl i en stor mixerskål. Rör ner salt. Rör långsamt i 1 kopp ljummet vatten, eller tillräckligt för att göra en deg. Vänd ut på en lätt mjölad yta och knåda degen i 5 minuter, tills den är slät och elastisk. Låt det vila i 10 minuter.
b) Dela degen i 5 lika stora delar. På en lätt mjölad arbetsyta, använd en lätt mjölad kavel, kavla ut varje degbit tills den är
c) storleken på en tallrik. Kasta upp var och en i luften som en pizzabotten och lägg på en lätt mjölad yta tills den ska stekas.
d) Hetta upp en matsked olivolja på medelvärme i en stekpanna som är tillräckligt stor för att rymma brödet. Tillsätt en av degcirklarna och stek i 4 till 5 minuter, tills toppen av brödet är bubbligt och undersidan är lätt gyllene. Vänd försiktigt och fortsätt koka i ytterligare 4 till 5 minuter. Överför till en tallrik. Hetta upp ytterligare en matsked olivolja och fortsätt att steka bröden, tillsätt en matsked olja mellan tillagningen av varje bröd, tills de är färdiga. Servera varm. Slå in eventuella rester i plastfolie och frys in.

10.Egyptiskt fullkornspitabröd [Aish Baladi]

INGREDIENSER:
- 1 kopp obearbetat kli
- ¾ kopp oblekt universalmjöl
- ¾ kopp fullkornsbakelsemjöl
- 2 tsk aktiv torrjäst
- ½ tsk olivolja, plus extra för att olja skålen
- ¾ kopp ljummet vatten
- ½ tsk havssalt eller koshersalt

INSTRUKTIONER:
a) Värm ugnen till 350 grader F. Placera kli på en plåt och smula mellan fingrarna för att göra det finare. Grädda i 5 till 10 minuter, eller tills kligranulat är rostat. Ta bort från ugnen och ställ åt sidan.
b) Blanda samman universalmjöl, fullkornsdegsmjöl, ½ kopp rostat kli, jäst, olivolja, vatten och salt i en stor skål eller en som är monterad i en stående mixer. När ingredienserna har införlivats, knåda degen i 20 minuter för hand eller 3 minuter med en stående mixer med degkroken på medelhastighet. Lägg degen i en oljad skål och låt vila i 45 minuter utan lock.
c) Strö en ren arbetsyta och två stora bakplåtar med ytterligare ½ kopp kli. Forma degen till en jämn stock med händerna och skär den i 5 lika stora bitar. Forma varje bit till en platt 6-tums cirkel med händerna eller kavla ut med en kavel för att forma 5 runda pitabröd. Lägg 2 eller 3 pitas på varje bakplåt och låt vila i 30 minuter innan du gräddar.
d) Förvärm broilern i din ugn. Placera brödet under broilern och grädda i 2 till 3 minuter per sida tills det är puffat och gyllene. Servera varm.
e) Lägg extra bröd i en plastpåse medan det fortfarande är varmt och förslut så att det inte torkar ut.

11. Nubiskt bröd [Aish Nubi / Maltoud]

INGREDIENSER:
- 2 tsk expellerpressad majsolja
- 6 dl oblekt brödmjöl eller något annat mjöl
- 2 tsk salt
- 1 msk bakpulver
- 1 msk aktiv torrjäst

INSTRUKTIONER:
a) Smörj en bakplåt lätt med 1 tsk majsolja. Blanda mjöl, salt och bakpulver i en stor skål. Blanda jästen med ⅔ kopp ljummet vatten och rör tills den lösts upp. Häll i mjölblandningen och rör om. Rör i 1⅔ dl vatten och blanda till en fast deg. [Fuktighetsnivån i ditt hem kommer att påverka förhållandet mellan mjöl och vatten. Om degen verkar för torr, tillsätt mer vatten, lite i taget; om degen verkar för lös, tillsätt mer mjöl lite i taget tills du får en fast deg.]
b) Pudra lätt en arbetsyta med mjöl och knåda degen i 10 minuter, eller tills den är slät och elastisk. Olja in en stor skål med återstående tesked olja, lägg in degen och vänd på den. Täck med lätt oljad genomskinlig plastfolie, ett lock eller en kökshandduk och låt jäsa på en varm, dragfri plats i 1 timme, eller tills den fördubblats.
c) Efter att degen har jäst, vänd ut på en lätt mjölad arbetsyta och forma till en 7 tum bred cirkel. Använd din hand, ta tag i toppen av degen i mitten av cirkeln, dra upp något och vrid för att bilda en 3-tums knopp ovanpå mitten av degen. Överför till en bakplåt och täck med en upp och ned bunke. Låt jäsa ytterligare en timme.
d) Värm ugnen till 425 grader F och grädda brödet i cirka 35 till 40 minuter, eller tills det är lätt gyllene och låter ihåligt när du knackar på det. Kyl på galler.

12. Eish Baladi [egyptiskt tunnbröd]

INGREDIENSER:
- 4 dl fullkornsmjöl
- 1 tsk salt
- 1 msk olivolja
- 1 1/2 dl varmt vatten

INSTRUKTIONER:
a) Blanda mjöl och salt i en stor skål.
b) Tillsätt olivolja och tillsätt gradvis varmt vatten, knåda tills en smidig deg bildas.
c) Dela degen i bollar och platta ut var och en till en rund form.
d) Stek på en het stekpanna eller stekpanna tills den är puffad och brun.

FÖRRÄTTAR

13. Nötköttfyllda brödtrianglar [Sambusak bil Lahma]

INGREDIENSER:
- 3 koppar oblekt universalmjöl, plus extra för damning
- 1 msk aktiv torrjäst
- 1 tsk salt
- 4½ koppar expellerpressad majsolja
- 1 pund köttfärs
- 1 lök, skalad och tärnad
- 1 tsk malen spiskummin

INSTRUKTIONER:
a) Lägg mjölet i en stor skål. Blanda i jäst och salt. Tillsätt ½ dl majsolja och ½ dl ljummet vatten och rör om väl. Fortsätt blanda tills blandningen bildar en deg. Om blandningen verkar för kladdig, tillsätt mer mjöl, matsked för matsked. Om blandningen verkar för torr, tillsätt mer vatten, matsked för matsked. När degen har formats, dela den i 8 lika stora bitar. Ställ på en lätt mjölad arbetsyta på en varm, dragfri plats. Täck med köksdukar och låt jäsa en timme.
b) Hetta upp en stor stekpanna på medelvärme. Tillsätt köttfärs, lök och spiskummin; koka, rör om då och då, tills köttet är brynt. Ta bort från
c) värm upp och låt svalna. [Detta kan göras en dag i förväg.]
d) När degen har jäst tar du bort köksdukar. Damma lätt av en arbetsyta och en kavel. Kavla ut degbitarna till 4- till 5-tums cirklar. Lägg 2 matskedar köttblandning i mitten av varje varv. Vik degen på mitten för att täcka köttet och tryck ner med en gaffel runt kanterna för att täta.
e) Värm återstående 4 koppar majsolja i en stor stekpanna. Stek sambusaken i 3 till 5 minuter per sida eller tills den är gyllene. Ta bort från oljan med en hålslev och lägg över på ett fat klätt med hushållspapper. Servera varm.

14. Taameya [egyptisk falafel]

INGREDIENSER:
- 2 dl torkade favabönor eller kikärter, blötlagda över natten
- 1 lök, hackad
- 3 vitlöksklyftor, hackade
- 1/4 kopp färsk persilja, hackad
- 1 tsk malen spiskummin
- Salta och peppra efter smak
- Vegetabilisk olja för stekning

INSTRUKTIONER:
a) Häll av och skölj de blötlagda bönorna, blanda sedan med lök, vitlök, persilja, spiskummin, salt och peppar.
b) Forma blandningen till små biffar.
c) Hetta upp olja i en panna och stek biffarna tills de är gyllenbruna.
d) Servera i pitabröd med tahinisås.

15. Hawawshi [egyptisk köttfylld pita]

INGREDIENSER:
- 1 lb köttfärs eller lamm
- 1 lök, finhackad
- 2 tomater, tärnade
- 2 vitlöksklyftor, hackade
- 1 tsk malen spiskummin
- Salta och peppra efter smak
- Pitabröd

INSTRUKTIONER:
a) Fräs lök och vitlök i en panna tills den mjuknat.
b) Tillsätt köttfärs och koka tills det fått färg.
c) Tillsätt tomater, spiskummin, salt och peppar och låt sjuda tills blandningen tjocknar.
d) Fyll köttblandningen i halverade pitabröd och grilla tills den är knaprig.

16. Söta fritters toppade med sirap [Lomut al Adi]

INGREDIENSER:
SIRAP:
- ¾ kopp socker
- Saften av 1 citron

SÖTA FRITTER:
- 1⅛ tsk aktiv torrjäst blandad med 1 tsk socker
- 2¼ koppar oblekt universalmjöl
- 1 msk rismjöl
- 1 stort ägg, uppvispat
- 1 msk klarat smör[ghee]
- 4 koppar expellerpressad majsolja för stekning

INSTRUKTIONER:

a) Gör sirapen genom att lägga 1 dl vatten, socker och citronsaft i en stor kastrull. Rör om och låt koka upp utan lock på medelvärme. När sirapen börjar koka, sänk värmen till låg, sluta röra och låt sjuda i 10 minuter. Ta bort från värmen och ställ åt sidan för att svalna.

b) Gör de söta frittorna genom att lösa upp jästblandningen i ¼ kopp ljummet vatten i en liten skål. Låt vila 15 minuter eller tills den är bubblig och fördubblad i volym [detta kallas att jäsa jästen].

c) I en stor skål, kombinera allsidigt mjöl, rismjöl, jästblandning, ägg och klargjort smör med 1¾ koppar vatten. Blanda väl för att kombinera, vispa sedan för att ta bort klumpar. Blandningen ska likna en pannkakssmet. Om smeten verkar för tjock, tillsätt mer vatten, matsked för matsked, tills den är slät. Om smeten verkar för tunn, tillsätt mer mjöl, matsked för matsked, tills den är slät.

d) Täck smeten med en ren köksduk och svep sedan in hela skålen i en ren handduk. Ställ på en varm, dragfri plats i 2 timmar eller tills smeten är bubblig och har fördubblats i volym.

e) När smeten är klar, värm 4 dl olja i en stor, bred stekpanna. Använd två teskedar forma en hög tesked smet till en oval och tryck av ovalen med en av skedarna. Upprepa med resterande smet.

f) När oljan når 350 till 365 grader F, släpp försiktigt de små bollarna i den heta oljan [du kan välja att bära ugnsvantar medan du gör detta]. Stek 2 till 3 minuter per sida, tills de är gyllenbruna. Ta upp med en hålslev på en tallrik klädd med hushållspapper. Upprepa tills all smet är förbrukad.

g) Lägg försiktigt fritter i reserverad citronsirap, vänd försiktigt för att täcka och ta ut dem på ett serveringsfat. Upprepa tills alla fritter är belagda.

17. Egyptisk Fava Falafel [T'amaya]

INGREDIENSER:
- 1 kopp skalade torkade favabönor[bondbönor], blötlagda över natten i vatten och sedan avrunna
- ¼ kopp färska dillblad
- ¼ kopp färska korianderblad
- ¼ kopp färska bladpersilja
- 1 liten gul lök, tärnad
- 8 vitlöksklyftor, hackade
- 1 tsk malen spiskummin
- 1 tsk mald koriander
- Nypa cayennepeppar
- Salt
- Nymalen svartpeppar
- 1 tsk bakpulver
- Expellerpressad majsolja, för stekning
- ¼ kopp vita sesamfrön

INSTRUKTIONER:
a) Lägg bönor, dill, koriander, persilja, lök och vitlök i en matberedare och mixa tills en slät pasta bildas. Blanda i ½ kopp vatten [eller tillräckligt för att göra blandningen våt och lös—den ska likna tjockleken på en tunn pasta].
b) Tillsätt spiskummin, koriander, cayennepeppar och lite salt och peppar efter smak. Rör i bakpulver och blanda så att det blandas. Häll upp blandningen i en skål och låt stå i rumstemperatur i 1 timme.
c) Häll 3 tum majsolja i en stor stekpanna på medelvärme. När oljan är tillräckligt varm för att stekas, blir en bit bröd som tappas i den gyllene och flyter upp till toppen omedelbart. Använd två teskedar, samla en hög tesked av pastan i en sked och tryck försiktigt bort den med den andra skeden, forma en rund biff i oljan. Upprepa processen tills pannan är full, lämna ett ½-tums utrymme mellan varje falafel.
d) Medan falafel kokar, strö några sesamfrön på de okokta sidorna. Stek tills falafel är mörkt gyllenbrun, cirka 5 minuter; vänd och stek de andra sidorna tills de fått samma färg. Klä ett fat med hushållspapper.
e) Lyft upp falafel ur oljan med en hålslev och låt rinna av på hushållspapper. Upprepa med återstående deg.
f) Servera varm med Tahinisås.

18. Röda linskroketter [Koftat Ads Ahmar]

INGREDIENSER:
- 2 morötter, skalade och finhackade
- 1¼ koppar delade röda linser
- 1 gul lök, finhackad
- 2 vitlöksklyftor, hackade
- ½ tsk mald kanel
- ½ tsk paprika
- ¼ tesked mald muskotnöt
- 1 tsk malen spiskummin
- Saften av 1 citron
- 2 matskedar hackade osaltade jordnötter
- ½ kopp universalmjöl
- 1 tsk mald gurkmeja
- 1 kopp expellerpressad majsolja Salt

INSTRUKTIONER:
a) Lägg morötter, linser, lök, vitlök, kanel, paprika, muskotnöt, spiskummin, citronsaft, jordnötter och 2½ dl vatten i en stor kastrull på hög värme. Koka upp och sänk sedan värmen till låg. Sjud under lock i 30
b) minuter eller tills all vätska har avdunstat. Ta av värmen och ställ åt sidan tills den är tillräckligt kall för att hantera.
c) Blanda ihop mjöl och gurkmeja på en liten tallrik. Pudra lätt händerna i mjöl och forma linsblandningen till 16 [3-tums] ovaler. Rulla försiktigt in linskroketterna i mjölblandningen för att täcka.
d) Hetta upp oljan i en stor stekpanna på medelhög värme. När oljan är varm, sänk försiktigt ner några av kroketterna i den heta oljan, var försiktig så att du inte tränger ihop pannan. Stek i cirka 10 minuter per sida eller tills de är mörkt gyllene. Ta bort kroketterna från oljan med en hålslev och lägg på ett fat klätt med hushållspapper.
e) Strö över salt efter smak. Upprepa med resterande kroketter. Servera varm.

19.Fingrar för kött och bulgurvete [Kibbeeba]

INGREDIENSER:

SKAL:
- 1⅓ koppar fin bulgur
- ½ pund malet lamm eller nötkött
- 1 röd chili, kärnad och finhackad
- 1 medelstor gul lök, grovhackad Salt efter smak
- Nymalen svartpeppar efter smak

FYLLNING:
- 2 matskedar olivolja
- 1 medelstor gul lök, finhackad
- ¼ kopp pinjenötter
- ½ pund malet lamm eller nötkött
- ¼ tesked mald muskotnöt
- ½ tsk mald kanel
- ¼ tesked paprika
- 1 tsk malen spiskummin
- 4 matskedar färsk koriander eller persilja, finhackad
- Expellerpressad majsolja eller safflorolja för stekning

INSTRUKTIONER:

a) För att göra skalet: Placera bulgur i en medelstor skål och täck med 2 dl kallt vatten. Blötlägg i 15 minuter, låt rinna av väl och återgå till skålen. Lägg bulgur, nötfärs eller lamm, röd chili, lök, salt och peppar i en matberedare. Pulsera på och av tills blandningen bildar en pasta.

b) För att göra fyllningen: Värm olivolja i en stor stekpanna på medelvärme. Fräs löken tills den är genomskinlig, cirka 3 till 5 minuter. Tillsätt pinjenötter, blanda väl och koka i 5 minuter. Tillsätt köttet, muskotnöt, kanel, paprika och spiskummin och stek köttet tills det är brunt. Rör ner koriander eller persilja och ställ åt sidan tills det svalnat. Smaka av och justera genom att tillsätta salt om det behövs.

c) Häll upp skalblandningen från matberedaren på en arbetsyta. Forma blandningen med händerna till en platt, rund kaka ca 8 tum i diameter. Skär kakan i 13 lika stora klyftor. Platta ut varje kil med handflatan [de ska likna pannkakor].

d) Lägg 1 tsk fyllningsblandning i mitten av en runda. Ta sedan över sidorna för att täcka hela fyllningsblandningen. Rulla den till en äggform, se till att fyllningen förblir dold. Upprepa med de återstående 12 delarna.
e) Värm 2 tum matolja på medelvärme i en stor, djup stekpanna.
f) När oljan är varm, sänk försiktigt ner kibbeeba i oljan. Var noga med att inte tränga ihop pannan – du kan behöva arbeta i omgångar; det bör finnas minst en tum avstånd mellan var och en. Stek kibbeeba på ena sidan i 3 till 5 minuter tills den är gyllenbrun. Vänd dem och koka lika länge på andra sidan.
g) Använd en hålslev och ta bort kibbeeba på en tallrik klädd med hushållspapper. Strö över salt, om så önskas, och fortsätt att steka resten av kibbeeba.
h) Servera varm eller i rumstemperatur.

20.Söta fritters med citronsirap [Balahe Sham]

INGREDIENSER:
CITRONSIRAP:
- 2 koppar socker
- 3 remsor citronskal
- Saften av ½ citron

SÖTA FRITTER:
- 1 kopp expellerpressad majsolja, plus extra för stekning
- 2¼ koppar oblekt mjöl för alla ändamål
- 1 matsked socker
- ½ tsk salt
- 2 äggulor
- 1 tsk vaniljextrakt

INSTRUKTIONER:

a) Gör sirapen genom att blanda socker, citronskal, citronsaft och ¾ kopp vatten i en medelstor kastrull. Rör långsamt, låt koka upp på medelvärme. När blandningen kokar upp och sockret är upplöst, sluta röra och sänk värmen till låg. Sjud i 10 minuter och ta sedan av värmen och ställ åt sidan för att svalna. Kasta citronskalet och ställ åt sidan. [Detta kan göras upp till 1 månad i förväg; täck och förvara i kylen.]

b) Koka upp 2 dl vatten och olja på hög värme. Sänk värmen till låg och rör försiktigt ner mjöl, socker och salt. Fortsätt att röra tills ingredienserna har införlivats och börjar bilda en deg som drar sig bort från pannans sidor. Ställ åt sidan för att svalna.

c) När degen är rumstemperatur, rör ner äggulor, en i taget, och vanilj.

d) Häll smeten i en konditoripåse försedd med ett stort stjärnfäste. Tryck ner degen mot botten och vrid toppen av påsen så att den håller sig kompakt.

e) Häll sirap i en stor grund skål och ställ in nära stekplatsen. Placera en hålslev, en spatel, en annan stor skål med ett durkslag över och en kniv nära stekplatsen tillsammans med en fylld konditoripåse. Värm 2 tum majsolja i en stor bred stekpanna över medelhög värme.

f) Håll konditoripåsen helt vinkelrätt över het olja med ena handen, pressa ut en 3-tums stock ur påsen och kör snabbt en kniv eller spatel över spetsen på påsen för att släppa den i den heta oljan. Arbeta snabbt, fortsätt att lägga till bakverk tills du har cirka 10 lika stora stockar i oljan på en gång. Vänd försiktigt stockarna med hålskeden för att säkerställa en jämn brynning och koka tills de är mörkt gyllene. [Detta bör ta 2 till 4 minuter, om det tar längre tid, öka värmen något; om de steker för snabbt, sänk värmen något.] Lyft upp stockarna ur oljan med hålslev och skaka försiktigt bort överflödig olja. Släpp dem i sirapen och med en annan sked och vänd dem så att de blir jämnt.
g) Lägg dem i durkslaget för att rinna av. Upprepa processen, arbeta i omgångar, tills all degen är förbrukad.
h) Servera varm.

21. Blandad nöttallrik [Tabaa M'kassarat]

INGREDIENSER:
- ¼ pund pistagenötter
- ¼ pund valnötter
- ¼ pund rostad saltad mandel
- ¼ pund saltade jordnötter
- ¼ pund saltade pumpafrön

INSTRUKTIONER:
a) Lägg pistagenötter, valnötter, mandlar, jordnötter och pumpafrön i individuella högar på ett serveringsfat.

22. Fava Bean Puree [Fuul Medammes]

INGREDIENSER:

- 2 tsk extra virgin olivolja
- 1 [15-ounce] burk kokta favabönor [fuul medammes] med juice
- 1 tsk malen spiskummin
- ⅛ tesked salt
- Nymalen svartpeppar
- Saften av 1 citron
- Pitabröd, till servering

INSTRUKTIONER:

a) Hetta upp 1 tsk olivolja i en medelstor stekpanna på medelhög värme.
b) Tillsätt bönor och juice från burk, spiskummin, salt och lite peppar och rör om väl.
c) Koka i 5 minuter eller tills det mesta av vätskan absorberats.
d) Sänk värmen till låg och mosa bönorna något med en gaffel eller potatisstöt och rör ner citronsaft.
e) Häll upp favablandningen på ett serveringsfat. Gör ett hål i mitten och ringla över 1 tsk olivolja i den. Servera med pitabröd.

23. Phyllo trianglar fyllda med lamm [Sambusak bil Lahma Dani]

INGREDIENSER:
- ½ pund malet lamm, sköljt och dränerat väl
- 1 liten gul lök, riven
- ½ tsk malen spiskummin
- ½ tsk mald kanel
- ½ tesked mald muskotnöt
- ½ tsk paprika
- Salt att smaka
- Nymalen svartpeppar efter smak
- 9 filodegsark [18x14-tum], tinade enligt anvisningarna på förpackningen
- ⅓ kopp klarat smör [ghee]

INSTRUKTIONER:
a) Gör lammFYLLNING: Hetta upp en stor stekpanna på medelvärme. Tillsätt malet lamm, lök, spiskummin, kanel, muskotnöt och paprika. Koka blandningen, rör om då och då, tills köttet är brynt. Smaka av med salt och peppar efter smak, rör om väl för att blanda in. Låt blandningen svalna till rumstemperatur. [Fyllningen kan göras en dag i förväg och kylas.]
b) Värm ugnen till 350 grader F. Klä 2 bakplåtar med bakplåtspapper eller silikonfoder.
c) Öppna filoskivorna och bred ut dem på en arbetsyta med långsidan mot dig. Lägg tre ark ovanpå varandra, borsta det översta med klarat smör för att täcka. Skär 5 lika stora remsor [uppifrån och ned] längs med rektangeln. Lägg en tesked lammblandning överst på varje remsa. Vik filon över fyllningen på diagonalen. Fortsätt att vika filon på ett flaggvikt sätt till en triangel. Fortsätt med resterande filo och fyllning.
d) Placera trianglar på förberedda bakplåtar. Pensla klarat smör över toppen av varje triangel. Grädda i 20 till 25 minuter eller tills de är gyllene. Servera varm eller i rumstemperatur.

24.Salta filobakelser med kött [Gulasch bi Lahma]

INGREDIENSER:
- 1 msk osaltat smör
- 1 liten gul lök, tärnad
- 1 pund köttfärs
- ¼ tesked mald muskotnöt
- ½ tsk malen spiskummin
- ¼ tesked mald kanel
- ¼ tesked paprika
- Salt att smaka
- Nymalen svartpeppar efter smak
- 1 paket filodeg, tinad i rumstemperatur i 2 timmar
- 1 kopp klarat smör [ghee]

INSTRUKTIONER:
a) Hetta upp smör i en stor stekpanna på medelvärme. Tillsätt lök och fräs tills den är genomskinlig, cirka 5 till 7 minuter. Tillsätt nötkött, rör i muskotnöt, spiskummin, kanel och paprika och bryn ordentligt. Krydda köttet med salt och
b) peppar efter smak. Ta bort från värmen och ställ åt sidan för att svalna. [Detta kan göras en dag i förväg.]
c) Värm ugnen till 350 grader F. Öppna lådan med filodeg. Med en vass kniv, trimma filo-ark så att de passar i en 13x9x2-tums bakplåt.
d) Lägg 1 filoplåt över botten av ugnsformen och pensla med klarnat smör. Fortsätt att stapla filodeg, smörja varje ark, tills du har använt ½ av arken. Lägg brynt köttblandning ovanpå filon och sprid ut i ett jämnt lager och lämna en ½-tums kant runt kanterna.
e) Täck med ytterligare ett filoark, pensla med smör och fortsätt att stapla och smörja tills alla filoark är slut. Skär filon i 24 rutor [4 på tvären och 6 på längden] med en vass, tandad kniv.
f) Sätt in i ugnen och grädda i cirka 45 minuter eller tills de är gyllene.

25. Auberginepuré [Baba Ghanoug]

INGREDIENSER:
- 2 auberginer [vardera 8 till 9 tum långa]
- 2 matskedar tahini
- Salt att smaka
- Saften av 1 citron
- Extra virgin olivolja, efter behov
- En skvätt sumac till garnering

INSTRUKTIONER:

a) Förvärm broiler. Pricka aubergine med en gaffel och lägg på en plåt. Stek 15 till 20 minuter, vänd en gång, tills auberginerna har blåsor och kollapsar. Låt svalna. Skala och ta bort köttet och lägg i ett durkslag för att rinna av. Tryck ner med en gaffel tills all vätska är borta. Lägg auberginen i en medelstor skål och mosa ner den med en gaffel för att skära den i lagom stora bitar, eller pulsa auberginen några gånger i en matberedare – var försiktig så att du inte bearbetar auberginen för mycket eftersom den inte ska bli helt slät .

b) Med en gaffel, rör ner tahini, salt och citronsaft i auberginen. Tillsätt olivolja, matsked för matsked, tills konsistensen liknar krispiga jordnötter

c) Smör. Mängden olivolja som behövs beror på vattenhalten och storleken på de använda auberginema.

d) Lägg auberginepurén i en hög på ett serveringsfat. Gör en liten brunn i mitten och fyll med olivolja. Strö över sumac. Servera i rumstemperatur tillsammans med pitabröd eller crudités.

26. Macererade dadlar med aprikoser och russin [Khoshaf]

INGREDIENSER:
- 1 pund fasta torkade dadlar, urkärnade
- ½ pund russin
- ½ pund torkade aprikoser, hackade i små bitar
- ¼ kopp socker
- 1 tsk apelsinblomvatten
- 1 tsk rosenvatten

INSTRUKTIONER:
a) Lägg dadlar, russin och aprikoser i en stor skål. Häll 4 koppar kokande vatten ovanpå dem. Rör ner socker, apelsinblomvatten och rosenvatten.
b) Låt stå tills vattnet når rumstemperatur och frukten blir mör.
c) Servera i små ramekins eller muggar med en sked.

27. Lupinbönor [Termis]

INGREDIENSER:
- 1 [16-ounce] burk Färdiga lupinbönor

INSTRUKTIONER:
a) Blötlägg lupinbönor i kallt vatten i en dag och låt rinna av.
b) För att äta lupinbönor, håll dem i handen och pressa bönan genom skalet. Ät bönan och släng skalet.

28.Phyllo trianglar med ost [Sambousik bil Gebna]

INGREDIENSER:
- 1 dl fetaost av god kvalitet, smulad och vispad till en slät konsistens
- 1 medelstor lök, riven
- Nymalen peppar
- Salt att smaka
- 9 filodegsark [18x14-tum], tinade
- ⅓ kopp klarat smör [ghee]
- En skvätt paprika

INSTRUKTIONER:
a) Värm ugnen till 350 grader F. Klä 2 bakplåtar med bakplåtspapper eller silikonfoder.
b) Gör fyllning genom att kombinera fetaost och lök i en medelstor skål. Krydda med några skvätt peppar. Rör om väl och smaka av blandningen. På grund av salthalten i osten kanske blandningen inte behöver salt alls. Om den gör det, tillsätt salt efter smak och ställ åt sidan.
c) Öppna filoskivorna och sprid ut dem på en arbetsyta i rektangulärt läge. Lägg tre ark ovanpå varandra, borsta det översta med klarat smör för att täcka. Skär 5 lika stora remsor [uppifrån och ned] längs med rektangeln.
d) Lägg en tesked ostblandning överst på varje remsa. Vik filon över fyllningen på diagonalen och fortsätt att vika filon på ett flaggvikningssätt [eller pappersfotbollstillverkning] till en triangel. Fortsätt med resterande filo och fyllning. Pensla klarat smör över toppen av varje triangel.
e) Strö över paprika och grädda i 20 till 25 minuter eller tills de är gyllene. Servera varm eller i rumstemperatur.

29.Diverse färsk frukttallrik [Tabaa Fakha Tazig]

INGREDIENSER:
- 4 mandariner, skalade
- 6 stora jordgubbar
- 2 galaäpplen, kärnade ur och skivade i ¼-tums klyftor
- 2 gyllene äpplen, kärnade ur och skivade i ¼-tums klyftor

INSTRUKTIONER:
a) Lägg en servettduk på ett runt serveringsfat. Ordna hela mandarinerna i form av ett kors i mitten av tallriken.
b) Lägg en jordgubbe ovanpå mitten av varje mandarin och en på sidan av de två mandarinerna som är på höger och vänster sida.
c) galaäppelskivorna på tallrikens vänstra sida mellan jordgubben och mandarinen på toppen och botten.
d) Ordna de gyllene äppelskivorna på höger sida av tallriken mellan jordgubben och mandarinen på toppen och botten.

30. Smörgåsar med kyckling pitabröd [Shwarma bil Firakh]

INGREDIENSER:
- 2 pund hudfritt, benfritt bröst, skivat i långa ½ tum breda bitar
- 1 tsk salt
- 1 tsk nymalen svartpeppar
- En skvätt chilipulver
- ¼ tesked mald muskotnöt
- 1 tsk mald kryddpeppar
- 1 tsk malen spiskummin
- Saft och rivet skal av 1 citron
- ⅛ kopp vit vinäger
- ¼ kopp majsolja
- 5 vitlöksklyftor, hackade
- 2 medelstora lökar, hackade

FÖR SERVERING
- 6 stycken vanliga pitabröd
- Egyptisk varm sås, om så önskas
- Tahinisås
- Blandade pickles eller konserverade citroner

INSTRUKTIONER:
a) Kombinera kycklingskivor, salt, peppar, chilipulver, muskot, kryddpeppar, spiskummin, citronsaft och skal, vit vinäger, majsolja, vitlöksklyftor och lök i en stor grund skål eller skål. Rör om så att det blandas väl och täck kycklingen. Täck med aluminiumfolie och ställ i kylen i 24 timmar.
b) Efter att kycklingen har marinerat i 24 timmar, förvärm ugnen till 425 grader F. Ta ut kycklingen från kylskåpet och rinna av väl. Bred ut kycklingen i ett enda lager på en plåt. Grädda i nedre delen av ugnen i 25 minuter, vänd en gång. Smaka av kycklingen och justera eventuellt kryddor.
c) Skär pitabröden på mitten. Lägg på en plåt och värm i ugnen i ca 1 till 2 minuter. Ta ut ur ugnen och toppa med kycklingköttet.
d) Servera på ett fat med små skålar med egyptisk varm sås, tahinisås och pickles.

31. Stekt fisk med örter och tomater [Samak Fee al Forn bi Tomatum]

INGREDIENSER:

- 2 tsk torkad koriander
- 4 vitlöksklyftor, hackade
- Saften av 1 citron
- 2 tsk malen spiskummin
- 1 hel [2 till 3 pund] havsabborre eller röd multe, skalad och rensad
- 2 matskedar olivolja
- 6 mogna tomater, skivade
- 1 gul lök, tunt skivad
- 1 citron, tunt skivad
- 1 msk hackad färsk persilja
- 1 msk hackad färsk koriander
- 1 msk hackad färsk mynta
- Salt
- Nymalen svartpeppar

INSTRUKTIONER:

a) Värm ugnen till 425 grader F. Blanda koriander, vitlöksklyftor, citronsaft och spiskummin i en liten skål.
b) Gör 4 jämnt fördelade diagonala snedstreck på båda sidor av fisken. Fördela vitlöksblandningen i håligheten och i fiskens skåror.
c) Olja en ugnsform med olivolja. Lägg fisken i formen och vänd på oljan. Strö ut tomater och lök runt fiskens sidor.
d) Placera citronskivor, persilja, koriander och mynta i fiskhålan. Krydda fisken med en strö salt och nymalen peppar.
e) Grädda i 30 minuter, eller tills fisken är ogenomskinlig och genomstekt; fisken är genomstekt när den lätt flagnar.
f) Servera varm med citronskivor.

HUVUDRÄTT

32. Kalkon fylld med ris och kött [Deeq Rumi Meshi Ma Roz wa Lahma]

INGREDIENSER:
- 3 matskedar expellerpressad majsolja
- ⅛ kopp strimlad mandel
- ⅛ kopp russin
- ¼ pund köttfärs eller lamm
- 1 liten lök, tärnad
- 2 koppar egyptiskt eller annat kortkornigt ris
- 1 tsk salt
- ½ tsk nymalen peppar
- 1 tsk malen spiskummin
- 1 tsk mald koriander
- ½ tsk mald kanel
- 1 morot, grovt hackad
- 1 purjolök, grovt hackad
- 1 stjälkselleri, grovt hackad
- 1 hel kalkon [10 till 12 pund], rengjord och sköljd väl, inälvor reserverade för annan användning
- 1 dl tomatpuré

INSTRUKTIONER:
a) Värm ugnen till 375 grader F.
b) Värm 1 msk majsolja i en stor kastrull på medelvärme. Tillsätt mandel och russin och stek i 1 minut eller tills mandeln är gyllene och russinen är fyllig. Ta bort med en hålslev och ställ åt sidan.
c) Lägg kött och lök i samma kastrull och koka tills köttet är brunt. Rör ner ris, stek i 1 minut eller tills det är ogenomskinligt. Tillsätt 3½ dl vatten, rör om och öka värmen till hög.
d) Så snart blandningen börjar koka, sänk värmen till låg och smaka av med salt och nymalen peppar. Täck över och låt sjuda i cirka 15 minuter eller tills allt vatten har absorberats.
e) Häll risblandningen i en stor skål och rör ner mandel, russin, spiskummin, koriander och kanel.
f) Smörj en 9 x 13-tums bakpanna eller en stekpanna med lock med återstående 2 msk majsolja. Lägg morot, purjolök och selleri i botten av pannan.

g) Lägg kalkonbröstsidan uppåt i pannan och vänd så att den täcks med olja. Placera risblandningen i håligheten och fäst benen med slaktgarn. Häll tomatpuré över kalkon.
h) Krydda med salt och nymalen peppar.
i) Täck med aluminiumfolie eller lock och grädda i 3½ till 4 timmar eller tills kalkonen är färdig, tråckla kalkonen var 30:e minut.

33. Helstekt lamm med potatis [Fakhda Mashwiya bil Batatas]

INGREDIENSER:
- 1 [5-pund] lammlår
- 1 vitlökshuvud, skalat och skivat
- Salt att smaka
- 3 matskedar torkad mynta
- Nymalen svartpeppar efter smak
- 2 dl kycklingfond eller vatten
- 8 medelstora Yukon Gold-potatisar, skalade och delade i fjärdedelar
- Saften av 1 citron
- 2 stora gula lökar, skivade i ringar
- 3 matskedar expellerpressad majsolja
- 2 stora tomater, hackade el
- ½ kopp hackade konserverade tomater
- 2 kanelstänger

INSTRUKTIONER:
a) Värm ugnen till 350 grader F.
b) Gör 1-tums slitsar på olika ställen på lammbenet med en parkniv. Sätt in vitlöksflisor i skårorna i lammet. Gnid in lite salt, mynta och lite peppar i lammbenet. Lägg lammet i en stor långpanna. Häll 1 kopp av kycklingfonden eller vattnet i pannan. Grädda i 1 timme utan lock, tråckla var 20:e minut.
c) Tillsätt potatis i pannan. Häll citronsaft över potatisen och lammet och smaka av med salt och peppar. Lägg lökringar över lammet. Ringla majsolja över löken och potatisen. Strö ut tomaterna runt pannans sidor. Tillsätt kanelstänger och resterande 1 kopp fond i pannan. Återgå till ugnen och grädda, utan lock, ytterligare 2 timmar, tråckla var 20:e minut, tills lammet faller av benet och potatisen är mjuk.
d) Ta ut ur ugnen och täck formen med lock eller aluminiumfolie. Låt lammköttet stå i rumstemperatur i 10 minuter innan det skärs. Häll upp tomater och potatis i en serveringsskål. Ta bort och kassera kanelstänger. Lägg lammet på ett serveringsfat och skär. Servera varm.

34. Full Medames [Fava Beans Stew]

INGREDIENSER:

- 2 dl torkade favabönor
- 4 koppar vatten
- 3 vitlöksklyftor, hackade
- 1/4 kopp olivolja
- Salt att smaka
- Valfri garnering: hackade tomater, lök och persilja

INSTRUKTIONER:

a) Blötlägg favabönorna över natten i vatten.
b) Koka bönorna i en kastrull med vatten tills de är mjuka.
c) Fräs hackad vitlök i olivolja i en separat panna tills den är gyllene.
d) Tillsätt de kokta bönorna i pannan, mosa lite och smaka av med salt.
e) Servera varm, garnerad med tomater, lök och persilja.

35.Koshari [egyptisk lins- och risrätt]

INGREDIENSER:
- 1 dl bruna linser
- 1 kopp ris
- 1 kopp liten pasta [makaroner eller vermicelli]
- 1 burk [14 oz] kikärter, avrunna
- 1 stor lök, tunt skivad
- 3 vitlöksklyftor, hackade
- 2 matskedar vegetabilisk olja
- 1 tsk malen spiskummin
- 1 tsk mald koriander
- Salta och peppra efter smak
- Tomatsås till servering

INSTRUKTIONER:
a) Koka linser och ris separat enligt anvisningarna på förpackningen.
b) Koka pastan tills den är al dente, låt den rinna av.
c) Fräs löken i en panna tills den är gyllenbrun, tillsätt vitlök, spiskummin, koriander, salt och peppar.
d) Varva linser, ris, pasta och kikärter. Toppa med lökblandningen och servera med tomatsås.

36. Kalvkött, ris och rostat brödgryta [Fattah bil Bitello]

INGREDIENSER:

- 2 pounds benfria kalvköttsaxelkuber
- 1 stor lök
- 1 tsk salt
- ½ tsk nymalen svartpeppar
- ½ tsk mald kanel
- ½ tesked mald muskotnöt
- ½ tsk paprika
- 2 pitabröd, skurna i 1-tums rutor
- ¼ kopp klarat smör [ghee]
- ¼ kopp destillerad vit vinäger
- 13 vitlöksklyftor, skalade och hackade
- 1 tsk torkad koriander
- 2 koppar förberett egyptiskt ris
- 4 msk finhackad färsk persilja
- Varm sås, till servering

INSTRUKTIONER:

a) Lägg kalvtärningar, lök, salt, peppar, kanel, muskotnöt och paprika i en stor kastrull. Täck med vatten och låt koka upp på hög värme. Sänk värmen till medel-låg, täck över och låt sjuda tills kalvköttet är mört. Smaka av och justera salt om det behövs.

b) Förvärm broiler. Lägg pitabrödsbitar på en plåt och pensla lätt med klarnat smör på båda sidor. Placera under broiler, vänd en gång, tills den är rostad på båda sidor. Avsätta.

c) Värm vinäger på medelvärme i en liten kastrull. Tillsätt vitlök och koriander och koka tills vätskan är hälften av den ursprungliga mängden.

d) Rör ner brödbitar i egyptiskt ris och sked blandningen på botten av ett serveringsfat, lämna en 2-tums kant runt sidorna av skålen.

e) Ordna kalvbitarna runt riskanten. Ringla vinäger-vitlökssås över riset och kalvbuljong över kalvbitarna.

f) Strö persilja ovanpå skålen.

g) Servera varm.

37.Grillade färska sardiner [Sardine Mali]

INGREDIENSER:
- 1 msk extra virgin olivolja
- 3 pund färska sardiner, rengjorda och rensade
- 1 knippe färsk rosmarin
- Salt
- Nymalen svartpeppar
- 2 citroner, skurna i fjärdedelar

INSTRUKTIONER:
a) Värm grillen eller grillpanna på medelhög värme. Om du använder en grillpanna, pensla med olivolja.
b) Fyll varje sardin med en kvist färsk rosmarin och smaka av med salt och peppar.
c) Lägg på grillen och stek i 3 till 5 minuter per sida tills de är lätt gyllene och genomstekta.
d) Lägg upp på ett fat och garnera med resterande rosmarinkvistar och citronkvistar.

38. Makaroner med kött och bechamelsås [Macarona Bechamel]

INGREDIENSER:
BÉCHAMELSÅS:
- 4 matskedar smör
- 4 matskedar universalmjöl
- 2 dl varm helmjölk
- 2 dl varm kyckling eller
- grönsaksbuljong
- Salt
- Nymalen svartpeppar
- 1 ägg

KÖTTFYLLNING:
- 2 msk osaltat smör
- 2 pund köttfärs
- 1 lök, riven
- 1 tsk nötkrydda eller
- ½ tsk mald koriander och ½ tsk mald spiskummin
- ¼ kopp tomatpuré Salt
- Nymalen svartpeppar
- 1 pund rigatoni eller penne
- ½ kopp riven pecorino Romano-ost [eller egyptisk gebna rumi], för topping

INSTRUKTIONER:
a) För att göra béchamelsåsen: Smält smör i en medelstor kastrull på medelvärme. Tillsätt mjöl och vispa väl för att blandas. Vispa långsamt i mjölken och fonden ½ kopp i taget, vispa efter varje tillsats. Öka värmen till medelhög, koka försiktigt i två minuter, sänk värmen till låg och låt sjuda under långsam omrörning med en träslev tills såsen har reducerats till hälften av sin ursprungliga volym. Ta bort från värmen och låt svalna något. Smaka av och tillsätt salt och peppar efter smak efter behov. Vispa ägg i en liten skål och tillsätt 2 msk bechamelsås, en i taget och vispa väl efter varje tillsats. Tillsätt långsamt äggblandningen i béchamelsåsen, vispa väl. Ställ såsen åt sidan tills den behövs.
b) För att göra köttet FYLLNING: Värm smör i en stor stekpanna på medelvärme. Tillsätt nötkött, lök och nötköttskrydda och koka tills

nötköttet är brunt, cirka 5 minuter. Tillsätt tomatpuré, salt och nymalen peppar efter smak. Sänk värmen till låg och koka utan lock tills tomatpuré har absorberats av köttblandningen. Ta kastrullen från värmen, smaka av och justera salt och peppar om det behövs.

c) För att montera och baka makaronerna: Värm ugnen till 350 grader F. Koka pasta enligt anvisningarna på förpackningen. Sluta laga mat 1 till 2 minuter tidigare [pastan fortsätter att tillagas i ugnen] och låt rinna av. Fördela cirka ¼ kopp béchamelsås över botten av en 9x13x2-tums panna. Spara 1 kopp béchamelsås till toppen av grytan. Blanda resterande bechamelsås med pasta. Smaka av och justera salt om det behövs.

d) Häll hälften av pastablandningen i ugnsformen och jämna ut toppen. Fördela köttfyllningen jämnt över pastan. Bred ut resterande pastablandning över köttfyllningen. Jämna till toppen och häll den reserverade béchamelsåsen jämnt över toppen av pastan.

e) Strö riven pecorino Romano jämnt över hela rätten.

f) Grädda grytan i cirka 45 minuter eller tills toppen är gyllenbrun.

39.Matzopaj med kyckling och spenat med egyptisk varm sås [Mayeena]

INGREDIENSER:
- 2 pund kycklinglår
- 7 matskedar expellerpressad majsolja
- 2 gula lökar, tärnade
- 10 vitlöksklyftor, hackade
- 2 pund fryst spenat, tinad och avrunnen
- Salt att smaka
- Nymalen svartpeppar
- 1 tsk mald kryddpeppar
- 1 tsk mald koriander
- 1 tsk mald kanel
- ½ dl hackad persilja
- ½ kopp hackad koriander
- 5 ägg, lätt vispade
- 1 dl kycklingfond [reserverad från tillagning av kycklingen]
- 6½ ekologiska matzoskivor av fullkornsvete
- 2 dl tomatpuré
- 1 tsk malen spiskummin
- ¼ tesked chilipulver
- 1 msk destillerad vit vinäger

INSTRUKTIONER:

a) Lägg kycklinglåren i en medelstor kastrull och täck med vatten. Koka upp på medelhög värme och sänk sedan värmen till medellåg. Skumma av avskum från toppen av grytan och låt puttra utan lock i 30 minuter, eller tills kycklingen är genomstekt. Häll av och reservera 1 kopp buljong.

b) Värm ugnen till 375 grader F. När kycklingen är tillräckligt kall för att hantera, ta bort köttet från benen och strimla det i lagom stora bitar.

c) Hetta upp 2 msk majsolja i en stor stekpanna på medelvärme. Tillsätt hälften av löken och fräs tills den är mjuk och genomskinlig. Rör ner hälften av vitlöken och koka utan lock i 1 minut.

d) Tillsätt spenat i stekpannan; koka 1 minut utan lock. Rör ner kycklingköttet i blandningen; koka en minut till. Krydda med salt

och peppar, kryddpeppar, koriander och kanel. Sänk värmen till låg och koka i 1 minut. Rör ner persilja och koriander.
e) Häll försiktigt de vispade äggen i stekpannan under kraftig omrörning så att äggen inte stelnar. Koka i 2 minuter under konstant omrörning och ta sedan bort från värmen.
f) Olja 9 x 13-tums bakpanna med 1 matsked majsolja. Häll kycklingfonden i en stor grund panna eller skål. Doppa ett matzoark i buljongen så att den är mättad och mjuk, men fortfarande intakt, och lägg sedan i botten av den oljade pannan. Fortsätt tills hela botten av bakformen är helt klädd med matzo. [Du kan behöva bryta upp några bitar för att få dem att passa.]
g) Fördela hälften av kyckling/spenatblandningen jämnt över lagret matzo. Häll ¼ kopp kycklingfond över kyckling/spenatblandningen. Lägg ytterligare ett lager våt matzo över toppen av kyckling/spenatblandningen. Häll resterande buljong över matsan. Pensla försiktigt 3 matskedar majsolja över toppen av grytan. Grädda i 30 minuter eller tills de är gyllene.
h) Medan grytan bakas gör du den egyptiska varma såsen: Värm återstående 1 msk majsolja i en medelstor kastrull på medelvärme. Tillsätt resterande hälften av löken och fräs tills den är mjuk och gyllene. Tillsätt resterande hälften av vitlöken och fräs tills den börjar få färg. Tillsätt tomatpuré, rör om och smaka av med salt och peppar. Tillsätt spiskummin och chilipulver och rör om väl; täck och låt sjuda i 20 minuter. Tillsätt vinäger och låt sjuda under lock i ytterligare 5 minuter. Smaka av och justera salt och peppar vid behov. Ta av från värmen och håll övertäckt fram till servering.
i) Servera såsen varm i en skål bredvid den varma matzogrytan.

40. Rostade sardiner med ruccola [Sardeen Fee al Forn bi Gargheer]

INGREDIENSER:
- 5 matskedar extra virgin olivolja
- 1 pund hela sardiner, rengjorda och skalade
- 4 vitlöksklyftor
- 1 tsk mald koriander
- 1 tsk malen spiskummin
- 1 tsk zataar, 1 torkad timjan eller torkad oregano
- Nypa chilipulver
- Saft av 1 citron eller lime
- Salt
- Nymalen svartpeppar
- Ruccola

INSTRUKTIONER:
a) Värm ugnen till 425 grader F.
b) Olja en ugnsform med 1 msk olivolja och lägg sardiner i pannan. Mixa återstående 4 matskedar olivolja, vitlök, koriander, spiskummin, zataar, timjan eller oregano och chilipulver i en mixer eller matberedare för att bilda en dressing. Häll dressingen över sardinerna.
c) Grädda sardiner i 20 till 25 minuter tills kanterna är gyllene och köttet är ogenomskinligt. Pressa citron- eller limejuice över sardinerna; smaka av med salt och nymalen peppar.
d) Servera varm eller rumstemperatur med ruccola.

41. Kalv- och potatistagin [Tagin Bitello wa Batatas]

INGREDIENSER:
- 1 msk klarat smör [ghee]
- 1 medelstor gul lök, hackad
- 3 koppar hackade tomater med juice
- 1 pund benfri kalvkött, skuren i 1-tums kuber
- 5 vitlöksklyftor, skivade
- 3 stora Yukon Gold-potatisar, skalade och skivade i tunna skivor
- 1 tsk salt
- ½ tsk nymalen svartpeppar
- ⅛ tesked malda torkade rödpepparflingor
- ¼ tesked mald muskotnöt
- ½ tsk mald kanel
- ¼ tesked paprika
- 2 msk hackad färsk persilja

INSTRUKTIONER:
a) Värm ugnen till 300 grader F. I en ugnssäker kastrull, eller vanlig kastrull om du ska använda en bakform av lera, värm det klarnade smöret på medelvärme. Tillsätt lök och fräs tills den är genomskinlig.
b) Tillsätt tomater, kalvkött, vitlök och potatis. Krydda med salt, peppar, rödpepparflingor, muskotnöt, kanel och paprika och rör om väl.
c) Om du använder en bakform av lera, lägg upp stuvningen i formen och täck. Täck annars kastrullen och sätt in i ugnen.
d) Grädda i 1 timme och 15 minuter, eller tills kött och potatis är mört och en "skorpa" bildas på toppen. Ta ut ur ugnen, smaka av och justera saltet om det behövs.
e) Garnera med persilja och servera i ugnsform.

42. Kryddinfunderade lammlägg [Kawara Lahma Dani]

INGREDIENSER:
- 2 matskedar vegetabilisk olja
- 4 lammlägg
- Salt
- Nymalen svartpeppar
- ½ tesked mald muskotnöt
- 1 tsk mald kanel
- 1 tsk paprika
- 1 tsk malen spiskummin
- 2 stjälkselleri, tärnade
- 2 gula lökar, i fjärdedelar
- 2 morötter, skalade och tärnade
- 2 vitlöksklyftor, hackade
- 4 dl grönsaks-, kyckling- eller nötbuljong
- 2 tsk anisfrön
- Saft av 1 citron eller apelsin
- Rotfrukter [potatis, rutabagas, etc.], hackade [valfritt]

INSTRUKTIONER:
a) Värm vegetabilisk olja på medelhög värme i en stor långpanna. Lägg lammlägg i pannan och bryn på alla sidor. Krydda varje sida av lammet med ett stänk av salt och peppar, muskotnöt, kanel, paprika och spiskummin. Ta ut lammet från pannan och ställ åt sidan.
b) Tillsätt selleri, lök, morötter och vitlök i pannan och rör om så att det blandas väl. Fräs tills grönsakerna är genomskinliga.
c) Lägg tillbaka lamm i pannan och häll fond över skaften. Öka värmen till hög och låt koka upp. Sänk värmen till låg, täck över och låt sjuda i 1½ timme.
d) Tillsätt anisfrön och citron- eller apelsinjuice i pannan. Om du använder rotfrukter, lägg till dem i pannan vid denna tidpunkt också. Rör om, täck över och fortsätt att bräsera köttet tills det är mört och faller av benet, cirka 1½ timme till.
e) Smaka av och justera salt och peppar vid behov. För att servera, lägg lamm på ett serveringsfat med kanter. Sila buljongen över lammet. Låt köttet stå 10 minuter innan servering.

43. Linser, ris och pasta med kryddig tomatsås [Koushari]

INGREDIENSER:
- 1 dl bruna eller svarta linser, sköljda
- 3 matskedar expellerpressad majsolja
- 2 medelstora gula lökar, 1 tärnad, 1 tunt skivad
- 6 vitlöksklyftor, hackade
- 2 dl tomatpuré
- Salt att smaka
- Nymalen svartpeppar efter smak
- 1 tsk malen spiskummin
- ¼ tesked chilipulver
- 1 msk destillerad vit vinäger
- 1 kopp egyptiskt eller annat kortkornigt ris
- ½ kopp armbågsmakaroner eller mini penne pasta
- 1 dl konserverade kikärter, sköljda och avrunna väl

INSTRUKTIONER:
a) Lägg linserna i en medelstor kastrull och täck med vatten. Koka upp på hög värme och sänk sedan värmen till medel. Sjud utan lock tills de är mjuka, cirka 20 minuter. Låt rinna av och spara linserna tills de behövs.
b) Värm 1 msk majsolja i en medelstor kastrull på medelvärme. Tillsätt tärnad lök och fräs tills den är mjuk och gyllene. Tillsätt vitlök och fräs tills den börjar få färg. Tillsätt tomatpuré, rör om och smaka av med salt och peppar. Tillsätt spiskummin och chilipulver, rör om väl. Täck över och låt sjuda i 20 minuter. Tillsätt vinäger och låt sjuda under lock i ytterligare 5 minuter. Smaka av och justera salt och peppar vid behov. Ta av från värmen och håll övertäckt fram till servering.
c) Fyll en medelstor kastrull till tre fjärdedelar med vatten och låt koka upp på hög värme. Tillsätt egyptiskt ris och sänk värmen till medel. Koka tills riset är mört och låt det rinna av. Lägg tillbaka riset i kastrullen och täck för att hålla det varmt tills servering.
d) Fyll under tiden en annan medelstor kastrull till tre fjärdedelar med vatten och låt koka upp på hög värme. Smaka av med salt och sänk värmen till medel.

e) Tillsätt pasta och koka tills den är klar. Låt rinna av väl, lägg tillbaka pastan i kastrullen och täck så att den håller sig varm fram till servering.
f) Värm återstående 2 matskedar majsolja i en stor, bred stekpanna på medelvärme. Lägg i skivad lök och fräs tills den är mörk gyllenbrun. Ta av
g) värm och rör ner kikärter.
h) Montera Koushari genom att skeda riset jämnt i botten av en stor, ytlig serveringsskål. Strö pasta ovanpå riset och linser ovanpå pastan. Häll såsen jämnt över toppen av ris och pasta. Ordna lök och kikärtor i ett mönster runt mitten av rätten. Servera varm.

44. Circassian Chicken [Shirkaseya]

INGREDIENSER:
- 3 hela benfria kycklingbröst
- 5 dl kycklingfond
- Salt
- Nymalen svartpeppar
- 1 morot, skalad och halverad
- 3 skivor gammalt bröd, skuret i bitar
- 1½ dl malda valnötter
- 1 vitlöksklyfta
- ½ kopp helmjölk

GARNIER
- 1 msk olivolja
- 1 tsk paprika
- 3 valnötshalvor

INSTRUKTIONER:
a) Lägg kycklingbröst, 4 dl fond, salt, peppar och morot i en stor kastrull. Koka upp på medelhög värme utan lock. Skumma av avskum från toppen av vätskan när det bildas. Sänk värmen till medel-låg och låt puttra utan lock i 45 minuter eller tills kycklingen är genomstekt.
b) Purea återstående 1 kopp fond, bröd, valnötter, vitlök och mjölk i en mixer för att bilda en slät pasta. Smaka av och justera salt och peppar efter smak. När kycklingen är klar, låt rinna av och låt svalna något.
c) Spara buljongen för annan användning. När den är kall nog att hantera, strimla kycklingen i lagom stora bitar med fingrarna.
d) Lägg kycklingbitarna på ett serveringsfat och toppa med valnötspasta.
e) Häll olivolja i en liten skål och vispa i paprika.
f) Ringla ovanpå kycklingen och toppa med valnötshalvor.

45. Egyptiskt ris med blandade grönsaker [Roz bil Khodar]

INGREDIENSER:

- 2 gröna paprikor, tärnade
- 2 morötter, tärnade
- 2 matskedar olivolja
- 1 gul lök, tunt skivad
- 2 koppar egyptiskt eller annat kortkornigt ris
- ¾ kopp hackade tomater
- 3 dl kyckling- eller grönsaksfond
- ½ tsk salt
- ¼ tesked nymalen svartpeppar

INSTRUKTIONER:

a) Lägg paprika och morötter i en medelstor kastrull fylld till tre fjärdedelar av vatten och låt koka upp. Sänk värmen och låt puttra utan lock i 10 minuter. Häll av och ställ åt sidan.

b) Värm olivolja i en medelstor kastrull på medelvärme. Lägg i lökskivor och fräs tills de är ljust gyllene. Ta bort från pannan och lägg till grönsakerna.

c) Tillsätt riset i oljan som löken steks i. Koka på medelhög värme i 3 till 5 minuter eller tills den är genomskinlig. Tillsätt grönsakerna, tomaterna och fonden. Smaka av med salt och peppar och rör om för att blandas in.

d) Koka upp på hög värme. Sänk värmen till låg och låt sjuda under lock i 20 till 25 minuter, eller tills allt vatten har absorberats. Servera varm.

46.Beduin lammgryta [Tagin Lahma Dani]

INGREDIENSER:

- 1 msk expellerpressad majsolja
- 3 gula lökar, tunt skivade
- 3 pund lammkött, skuret i 3-tums bitar
- 1 tsk mald kanel
- ½ tesked mald muskotnöt
- ½ tsk mald kryddpeppar
- 1 tsk salt eller efter smak
- Nymalen svartpeppar

INSTRUKTIONER:

a) Värm ugnen till 325 grader F. Värm olja i en stor, ugnssäker kastrull.
b) Tillsätt lök och fräs på medelvärme tills den är brun, 5 till 7 minuter. Lägg i lamm och bryn på alla sidor, ca 10 minuter.
c) Krydda lammet med kanel, muskotnöt, kryddpeppar, salt och ett stänk peppar. Kasta kött till päls. Häll tillräckligt med vatten över lammet så att det knappt täcker och sätt in i ugnen utan lock.
d) Bräsera i 2½ timme, vänd varje halvtimme. Tillsätt mer vatten för att täcka om ingen vätska finns kvar och bräsera i ytterligare 30 minuter eller tills lammet är mört.
e) Servera varm.

47.Grillad marinerad kyckling [Firakh Mashwi Fee al Forn]

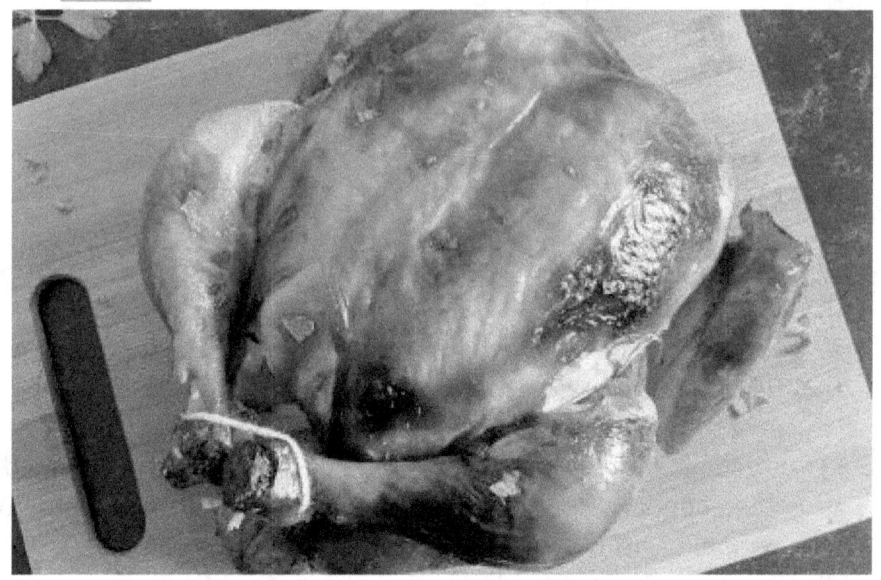

INGREDIENSER:
- ¼ kopp extra virgin olivolja
- Saften av 1 citron
- Saft av 1 lime
- 1 gul lök, i fjärdedelar
- 4 matskedar hackad färsk mynta
- 1 msk hackad färsk persilja
- 1 msk hackad färsk oregano
- 1 msk fågelkrydda
- Salt
- Nymalen svartpeppar
- 1 hel kyckling [3 till 4 pund], rensad och inälvor borttagna

INSTRUKTIONER:
a) Blanda samman olivolja, citronsaft, limejuice, lök, mynta, persilja, oregano, fågelkrydda och lite salt och peppar efter smak i en stor skål. Lägg kycklingen i en skål och vänd på den.
b) Lägg en bit av löken i hålet. Täck skålen och marinera kycklingen i kylen i 12 till 24 timmar.
c) Värm ugnen till 425 grader F. Rosta kycklingen, täckt, i 1½ timme eller tills toppen är gyllenbrun och lårköttsjuicerna blir klara när de sticks igenom med en gaffel. Ta bort från ugnen. Låt vila i 10 minuter.
d) Servera varm.

48. Friterad nilabborre [Samak Bulti Mali]

INGREDIENSER:
- 4 pund nilabborre eller annan färsk vit fisk [små hel rensade fiskar eller urbenade filéer]
- 2 citroner, 1 saftad, 1 tunt skivad
- 8 vitlöksklyftor, hackade
- Nymalen svartpeppar, efter smak
- 4 matskedar expellerpressad majsolja
- 1 msk mald spiskummin
- ½ kopp universalmjöl Salt efter smak
- 2 matskedar olivolja
- 1 knippe färsk persilja, hackad

INSTRUKTIONER:
a) Skölj fisken och lägg i en stor grund skål för marinering. I en liten skål, blanda ihop citronsaft, vitlök, lite peppar, 2 matskedar majsolja och spiskummin.
b) Häll blandningen över fisken, täck skålen och marinera i 30 minuter.
c) Häll mjöl på en tallrik. Ta bort fisken från marinaden och häll i mjölet. Skaka av överskottet och lägg på ett stort fat. Krydda varje sida av fisken med en strö salt.
d) Värm olivolja i en stor, tung stekpanna på medelvärme. Lägg fisken i stekpannan och koka minst 5 minuter innan den vänds.
e) När undersidan är gyllene, vänd och stek på andra sidan i ytterligare 5 minuter, eller tills fisken är genomstekt. [Hel fisk kommer att ta längre tid beroende på deras storlek.]
f) När fisken är genomstekt, lägg över på ett varmt serveringsfat och garnera med citronskivor och persilja.

SIDORÄTT

49. Kronärtskockor med dillsås [Kharshuf bi Shabbat]

INGREDIENSER:

- 12 barnärtskockor
- Salt att smaka
- Saften av 2 citroner
- 3 matskedar olivolja
- 1 msk dijonsenap
- ¼ kopp färsk dill, finhackad
- Nymalen svartpeppar efter smak

INSTRUKTIONER:

a) Rengör kronärtskockorna genom att blötlägga dem i vatten och byta vattnet tills det förblir klart efter blötläggning. Dra av de yttre bladen på kronärtskockorna.

b) Använd en kökssax för att klippa av toppen av de återstående kronärtskockbladen så att toppen av kronärtskockan har en jämn höjd. Ta bort den taggiga choken från mitten. I detta skede ska kronärtskockan likna en blomma.

c) Lägg kronärtskockorna i en stor kastrull, tillsätt lite salt, täck med vatten och låt koka upp på medelhög värme. När kronärtskockorna börjar koka, sänk värmen till medel och fortsätt att koka kronärtskockorna tills de är mjuka.

d) Låt kronärtskockorna rinna av och lägg upp på ett litet serveringsfat. Häll citronsaft, olivolja, dijonsenap och dill i en mixer. Blanda ihop till en vinägrett och smaka av med salt och peppar. Häll dressingen över kronärtskockorna.

e) Servera varm eller i rumstemperatur.

50.Fyllda vinblad [Wara' El Aghnib]

INGREDIENSER:
- ½ pund färska vinblad eller 1 [8 ounce] burk konserverade vinblad, avrunna
- 1 kopp egyptiskt eller annat kortkornigt ris
- ⅓ kopp färsk dill, finhackad
- ⅓ kopp färsk persilja, finhackad
- ⅓ kopp färska myntablad, fint hackade
- 1 kopp konserverade hackade tomattor, avrunna
- 1 medelstor gul lök, riven
- ¼ kopp expellerpressad majsolja
- 1 tsk salt
- ½ tsk nymalen svartpeppar
- En skvätt chilipulver
- 1 tsk malen spiskummin
- Saften av 1 citron

INSTRUKTIONER:
a) Lägg vinblad i en stor skål. Täck med kokande vatten och låt stå i 10 minuter. Dränera vinbladen. Lägg bladen på en arbetsyta med vensidan uppåt. Skär den överflödiga delen av stjälken från botten av varje blad.

b) Blanda ris, örter, ¾ kopp av tomaterna, lök, majsolja, salt, peppar, chilipulver och spiskummin i en medelstor skål. Lägg 1 matsked fyllning i mitten av ett blad. Forma fyllningen så att den liknar bredden på en penna över bladets bredd. Rulla löst upp bladet, börja från botten. Stoppa in sidorna av bladet när du går och gör ett kuvert. Avstå från att rulla bladet för hårt, annars går det sönder när riset kokar och expanderar inuti. Fortsätt med resterande blad.

c) Lägg fyllda vinblad med sömssidan nedåt bredvid varandra i en tjock kastrull. De fyllda bladen ska vidröra varandra och passa in i pannan utan några mellanrum. Upprepa ett andra lager ovanpå, om det behövs. Lägg en tallrik upp och ner ovanpå de fyllda bladen i kastrullen så att de inte stiger. Häll kokande vatten över bladen tills de är nästan men inte helt täckta.

d) Tillsätt resterande ¼ kopp tomater, lite salt och peppar och citronsaften i pannan. Täck kastrullen och låt sjuda på låg värme tills riset är helt kokt och bladen är mjuka, cirka 1 till 1½ timme.
e) För att testa om de fyllda vinbladen är klara, bryt en på mitten och smaka av.
f) Servera varm eller i rumstemperatur.

51.Egyptiskt ris [Roz]

INGREDIENSER:
- 1 tsk klarat smör[ghee]
- 1 kopp egyptiskt eller annat kortkornigt ris
- 1¾ dl grönsaks- eller kycklingfond
- ¼ tesked salt, eller efter smak

INSTRUKTIONER:
a) Smält klarnat smör på medelvärme i en medelstor kastrull.
b) Tillsätt hälften av riset, rör om en gång och fortsätt att koka i 2 till 3 minuter tills riset är genomskinligt. Tillsätt resterande ris, fond och salt.
c) Rör om så att det blandas väl och låt koka upp. Sänk värmen till låg och täck grytan med ett tättslutande lock.
d) Sjud 15 till 20 minuter eller tills all vätska har absorberats. Låt stå 5 minuter innan servering.

52. Stekta auberginer med vitlöksdressing [Bittingan Ma'li bil Toum]

INGREDIENSER:
- 3 långa, smala japanska auberginer
- Salt
- 3 koppar expellerpressad majsolja
- 10 vitlöksklyftor, hackade
- ¼ kopp destillerad vit vinäger
- 1 msk mald koriander
- 1 msk färsk persilja, hackad

INSTRUKTIONER:
a) Skiva av toppen av auberginema, halvera dem på längden och sedan på mitten på bredden. Lägg dem i ett durkslag, strö över salt och låt stå i en timme. Skölj av dem och torka väl.
b) I en stor stekpanna eller fritös, värm olja över medelhög värme tills den når cirka 325 grader F. Placera aubergine i olja och stek 3 till 5 minuter per sida eller tills de är gyllene. Ta bort med en hålslev och lägg på en tallrik klädd med hushållspapper för att rinna av.
c) Under tiden lägger du vitlök, vit vinäger och koriander i en liten kastrull på medelvärme. Koka upp och koka tills nästan all vätska har avdunstat.
d) Överför aubergine till ett serveringsfat. Häll vitlöksdressing över toppen och strö över färsk persilja. Smaka av och justera salt om det behövs.
e) Servera omedelbart.

53. Stuvad okra och tomater [Bamya Matbukh]

INGREDIENSER:
- 2 teskedar klarat smör[ghee] eller expellerpressad majsolja
- 1 medelstor gul lök, finhackad
- 3 koppar färsk eller fryst okra
- 2 dl grönsaks-, kyckling- eller köttbuljong
- ½ dl hackade tomater
- 1 tsk torkad vild timjan, zataar,3 eller torkad oregano
- Salt
- Nymalen svartpeppar

INSTRUKTIONER:
a) Smält det klarnade smöret i en medelstor kastrull på medelvärme.
b) Tillsätt lök, rör om och fräs tills den är genomskinlig. Tillsätt okra och rör om för att kombinera. Tillsätt fond, tomater, vild timjan och salt och peppar efter smak.
c) Koka upp blandningen på hög värme och sänk sedan värmen till låg.
d) Rör om, täck och låt puttra i 20 minuter eller tills okran är mjuk.
e) Smaka av och justera eventuellt kryddor. Servera varm.

SALADER

54. Citrus Gröna bönsallad [Fasoula bi Limoon]

INGREDIENSER:
- 1 pund gröna bönor, ändarna klippta
- 2 matskedar olivolja
- Saft och rivet skal av 1 citron
- 1 msk finhackad färsk persilja
- 1 msk finhackad färsk mynta
- 1 msk finhackad färsk oregano eller timjan
- Salt
- Nymalen svartpeppar

INSTRUKTIONER:

a) Lägg gröna bönor med vatten för att täcka i en stor kastrull på medelvärme. Koka upp, sänk värmen till låg och låt puttra utan lock tills de är mjuka, cirka 15 minuter.

b) Ta bort från värmen, låt rinna av och lägg i en stor skål full med isvatten. Låt stå i 5 minuter.

c) Lägg olivolja, rivet citronskal, citronsaft, persilja, mynta, oregano eller timjan och lite salt och peppar efter smak i en liten skål. Vispa väl att kombinera.

d) Häll av haricots verts och blanda med dressing. Häll upp på ett serveringsfat.

55. Kikärts-, tomat- och tahinisallad [Salata Hommus bil Tomatum wa Tahina]

INGREDIENSER:
- 2 dl konserverade kikärter, sköljda och avrunna
- 1 kopp körsbärs- eller druvtomater
- ¼ kopp färsk persilja, finhackad
- Saften av 1 citron
- 2 matskedar tahini
- ¼ tesked salt
- Nymalen svartpeppar efter smak

INSTRUKTIONER:
a) Kombinera kikärter, tomater och persilja på ett medelstort serveringsfat.
b) Häll citronsaft i en liten skål, tillsätt tahini, salt och peppar och vispa kraftigt, tillsätt några matskedar vatten åt gången för att skapa en slät,
c) krämig dressing. Häll dressingen över salladen och blanda väl. Servera i rumstemperatur.

56.Shepherd's Salad [Salata bil Gebnit al Ma'iz]

INGREDIENSER:
- 1 knippe sallad, ruccola eller diverse örter
- 4 uns färsk getost, smulad
- ½ kopp strimlade morötter
- 2 små [cirka 5 tum långa] gurkor eller ½ av 1 stor gurka, tärnad
- En näve dadlar, urkärnade och halverade
- ½ kopp fryst majs, tinat salt
- Nymalen svartpeppar
- 4 teskedar extra virgin olivolja
- Saften av 1 citron

INSTRUKTIONER:
a) Lägg sallad, ruccola eller olika örter på ett stort serveringsfat.
b) Toppa med getost, morötter, gurka, dadlar och majs.
c) Strö en nypa salt och peppar på toppen av salladen.
d) Gör dressingen genom att vispa olivolja med citronsaft i en liten skål.
e) Ringla över salladen och servera.

57.Ruccolasallad [Salata bil Gargeer]

INGREDIENSER:
- 3 knippen färsk ruccola
- Saft av 3 citroner
- ¼ kopp extra virgin olivolja
- Salt
- Nymalen svartpeppar

INSTRUKTIONER:
a) Tvätta ruccolan väl genom att lägga i en stor skål med vatten och låt dra i några minuter. Häll av ruccolan, skölj skålen med vatten och blötlägg igen.
b) Fortsätt tömma och blötlägga tills vattnet förblir klart. Detta kan ta mer än 10 separata blötläggningar eftersom ruccola tenderar att samla sand och smuts.
c) Torka ruccolan ordentligt och lägg den på en tallrik. Vispa citronsaft och olivolja i en medelstor skål för att få en lätt dressing.
d) Krydda dressingen med salt och peppar efter smak och häll över ruccolan.

58.Auberginsallad med granatäpplemelass [Salata Ruman bil Dabs Ruman]

INGREDIENSER:
- 2 japanska auberginer [ungefär 8 tum långa och 2 tum i diameter]
- Salt
- 2 stora, mogna tomater
- 2 matskedar olivolja
- 1 liten gul lök, hackad
- 2 vitlöksklyftor, hackade
- 2 msk färska myntablad, fint hackade
- 2 msk färsk persilja, finhackad
- 1 matsked socker
- 1 msk destillerad vit vinäger
- 3 msk granatäpplemelass
- Nymalen svartpeppar

INSTRUKTIONER:
a) Skär av toppar och bottnar på auberginema, dela dem i halvor på längden och lägg i ett durkslag i diskhon. Strö över dem med salt och låt dem stå i 1 timme. Skölj av saltet och klappa torrt. Skär auberginerna i tärningar och ställ åt sidan.
b) Fyll en kastrull till tre fjärdedelar med vatten och låt koka upp på hög värme. Tillsätt tomaterna och låt koka i 1 till 2 minuter, tills skalet delas. Häll av tomaterna och lägg ner i en skål med kallt vatten. När det är tillräckligt kallt för att hantera, skala skalet på tomaterna med händerna och skär dem sedan i tärningar.
c) Hetta upp olivolja i en stor stekpanna på medelvärme. Tillsätt lök och vitlök och fräs tills löken är genomskinlig. Tillsätt aubergine, tomater, mynta, persilja, socker och vinäger. Rör om, sänk värmen till medel-låg och låt sjuda i 20 minuter. Rör ner granatäpplemelass och koka i ytterligare två minuter, eller tills auberginen är mjuk.
d) Smaka av och tillsätt salt och peppar efter behov.

59. Sallad med vindruvor och stekta fetabollar
[Salata bil Aghnib wa Gebna Makleyah]

INGREDIENSER:
- 1 huvud romainesallat
- 1 kopp kärnfria röda druvor
- ¼ kopp extra virgin olivolja Saft av 1 citron
- 1 tsk apelsinblomvatten
- Salt att smaka
- Nymalen svartpeppar efter smak
- 1 dl fetaost, väldränerad och smulad
- ¼ kopp plus 1 msk universalmjöl
- 1 stort ägg
- 2 dl vegetabilisk eller rapsolja för stekning

INSTRUKTIONER:
a) Skär sallad i lagom stora bitar och lägg i en stor skål eller på ett serveringsfat. Häll i vindruvor och ställ åt sidan.
b) Gör dressingen genom att hälla olivolja i en liten skål. Vispa i citronsaft och apelsinblomsvatten och smaka av med salt och peppar.
c) I en annan liten skål, kombinera fetaost, 1 msk mjöl, ägg och lite peppar. Mosa ihop med en gaffel och mixa sedan ihop ingredienserna med händerna. För stora bollar, bryt av 1-tums bitar av ostblandning och rulla till 12 bollar storleken på golfbollar; för att göra mindre bollar, använd en melonballer.
d) Häll ¼ kopp mjöl på en tallrik och rulla ostbollar i mjöl för att täcka. Skaka av överskottet och lägg på ett fat. Hetta upp grönsaks- eller rapsoljan i en stor, djup kastrull. När oljan är cirka 375 grader F är den klar. Sänk försiktigt ner bollarna i oljan utan att tränga ihop dem. Låt dem inte röra vid varandra. Vänd på bollarna när de nedre halvorna är bruna, cirka 5 minuter. Om de inte vänder sig lätt, vänta några sekunder till. Om de vänder sig lätt är det ett tecken på att de är redo att vändas. Stek de andra sidorna tills bollarna fått en jämn färg. Ta bort från oljan med en hålslev och låt rinna av på hushållspapper.
e) Lägg fetabollar ovanpå salladen. Ringla dressingen över salladen och smaka av med salt och nymalen svartpeppar. Servera varm.

60.Blandad ört- och vårlöksallad [Salata Khadra bil Bassal]

INGREDIENSER:
- 1 knippe färsk persilja
- 1 knippe färsk koriander
- 1 knippe färsk mynta
- 2 knippen vårlökar
- Saften av 1 citron
- Saft av 1 lime
- ¼ kopp extra virgin olivolja Nypa salt
- Nypa nymald svartpeppar
- Nypa mald spiskummin

INSTRUKTIONER:
a) Skär bort stjälkarna från persilja, koriander och mynta; doppa dem i en stor skål och täck med vatten.
b) Häll av och fortsätt sänka ner örtbladen i rent vatten tills de är rena och inte lämnar några rester på botten av skålen [detta kan ta så många som sju tvättar]. Torka av bladen och lägg dem på ett stort serveringsfat.
c) Skär av ändarna på vårlöken och lägg dem ovanpå örtbädden.
d) Blanda citron och limejuice i en liten skål. Vispa i olivolja till en slät dressing. Tillsätt salt, peppar och spiskummin i dressingen, blanda väl för att kombinera.
e) Häll över salladen och servera.

SOPPA

61. Purerad zucchinisoppa [Shorbat Koosa]

INGREDIENSER:
- 2¼ pund zucchini, ändarna borttagna och hackade
- 2 dl nötkött, kyckling eller grönsaksfond
- 1 dl helmjölk
- Salt att smaka
- Nymalen svartpeppar efter smak

INSTRUKTIONER:
a) Häll zucchini, fond och mjölk i en stor kastrull och låt koka upp på hög värme.
b) Sänk värmen till medel-låg och låt sjuda under lock tills zucchinin är mjuk, cirka 5 minuter.
c) Ta bort från värmen och puré blandningen med en stavmixer; eller häll den i en mixer, täck över, ta bort mittpipen från mitten av locket och håll en kökshandduk över hålet. Purea soppan tills den är slät.
d) Lägg tillbaka soppan i kastrullen och smaka av med salt och nymalen peppar.
e) Sjud över medelvärme i 3 till 5 minuter eller tills soppan är ordentligt uppvärmd. Servera varm.

62. Judisk Mallow Soup [Shorbat Maloukhiya]

INGREDIENSER:
- 4 dl kycklingfond
- 1 [14 ounce] förpackning fryst maloukhiya
- Salt
- Nymalen svartpeppar
- 1 msk klarat smör[ghee]
- 6 vitlöksklyftor, hackade
- 1 tsk mald koriander

INSTRUKTIONER:
a) Koka upp kycklingfond i en medelstor kastrull.
b) Tillsätt fryst maloukhiya och lite salt och peppar efter smak. Koka upp igen, sänk värmen till låg och låt sjuda i 5 minuter.
c) Smält det klarnade smöret i en liten kastrull på medelvärme.
d) Tillsätt vitlök och koriander och koka utan lock tills vitlöken börjar få färg.
e) Rör ner vitlöksblandningen i soppan, smaka av och justera salt och peppar om det behövs. Servera varm.

63.Kikärtssoppa med Zataar-krutonger [Shurba bil Hommus]

INGREDIENSER:
SOPPA:
- 1 kopp torkade kikärter, blötlagda över natten, eller konserverade kikärter, sköljda och avrunna väl
- 1 medelstor gul lök, tunt skivad
- Saften av 1 citron
- 1 tsk malen spiskummin
- Salt att smaka
- Nymalen svartpeppar efter smak

KRUTONGER:
- 1 [6-tums] pitabröd, hackat i 1-tums rutor
- 2 matskedar olivolja
- 1 tsk zataar eller torkad timjan

INSTRUKTIONER:
a) Lägg kikärter i en stor kastrull eller buljong med 6 dl vatten och lökskivor.
b) Täck pannan och låt sjuda på medelhög värme tills kikärtorna är mjuka, cirka 5 minuter för konserverade eller 1 timme för torkade kikärter.
c) Ta av värmen och häll försiktigt blandningen i en mixer. Tillsätt citronsaft, spiskummin och lite salt och peppar. Mixa väl tills en puré bildas.
d) Lägg tillbaka blandningen i grytan. Smaka av och justera salt om det behövs. Om soppan är för tjock, rör ner några matskedar vatten. Sjud på låg värme tills den ska serveras.
e) För att göra krutonger: Värm ugnen på stek. Lägg brödet på en plåt. Pensla brödbitarna med olivolja och strö över zataar eller timjan. Lägg under broiler och rosta tills de är lätt gyllene på varje sida, ca 2 minuter per sida. Ta ut ur ugnen och dela brödet jämnt i soppskålar.
f) Häll soppan över krutongerna och servera.

64. Lammbuljong och Orzosoppa [Shorba bi Lissan al Asfoor]

INGREDIENSER:
- 2 svartpepparkorn
- 1 kanelstång
- 2 st lammkött med ben
- 1 lök, grovt hackad
- 1 morot, grovt hackad
- 1 st selleri, grovt hackad
- 2 msk salt eller efter smak
- 2 koppar orzo
- Saften av 1 citron
- Handfull färsk persilja, finhackad

INSTRUKTIONER:
a) För att göra lammbuljongen: Fyll en 8 liters lagergryta tre fjärdedelar av vägen full med vatten.
b) Tillsätt pepparkorn, kanelstång, lammkött, lök, morot och selleri i grytan. Tillsätt salt, rör om och låt koka upp på hög värme. Skumma av avskum från toppen med en hålslev när det formas.
c) När vattnet kokar, sänk värmen till låg, täck över och låt sjuda i 2 till 3 timmar. Sila av fonden i en annan kastrull och släng kryddor och grönsaker. Skala köttet från benet och strimla i små bitar.
d) Lägg till lagret. [Vid denna tidpunkt kan lager förvaras i kyl upp till en vecka eller frysas i upp till en månad.]
e) Förvärm ugnen till 350 grader F. Placera orzo på en bakplåt och rosta i ugnen, rör om 2 eller 3 gånger tills orzo är gyllenbrun. Ta bort från ugnen och ställ åt sidan.
f) Koka upp fonden igen på hög värme. Smaka av och tillsätt mer salt om det behövs. Häll i den rostade orzon, låt koka upp och sänk sedan värmen till låg. Koka soppan i cirka 10 minuter, rör om då och då, tills orzo är mjuk men inte alltför mjuk. Ta av från värmen, rör ner citronsaft, smaka av och justera salt och peppar om det behövs.
g) Överför till en soppterrin eller individuella soppskålar, toppa med persilja och servera varm.

65. Vermicelli, kött och tomatsoppa [Shorbat bil Sharleya, Lahma, wa Tomatum]

INGREDIENSER:
- 2 medelstora tomater
- 1 msk osaltat smör
- 1 medelstor gul lök, tärnad
- 1 medelstor morot, tärnad
- 1 stjälkselleri, tärnad
- 1 pund köttfärs
- ½ tsk mald kryddpeppar
- ½ tsk malen spiskummin
- ½ tesked mald muskot Salt efter smak
- Nymalen svartpeppar efter smak
- 4 dl nöt- eller kycklingfond
- 1 kopp vermicelli
- Saft av 1 lime

INSTRUKTIONER:
a) Fyll en stor kastrull till tre fjärdedelar med vatten och låt koka upp. Tillsätt tomater och koka 1 till 2 minuter eller tills skalet börjar spricka.
b) Häll av tomaterna och sänk dem i en skål med iskallt vatten. När tomaterna är tillräckligt svala för att kunna hanteras, dra av skalet, skär i hälften, ta bort frön och tärna.
c) Smält smör i en stor kastrull på medelvärme. Tillsätt lök, morot och selleri. Fräs i 5 till 7 minuter eller tills löken är genomskinlig.
d) Tillsätt nötkött och bryn, rör om då och då och dela köttet i små bitar. Rör ner kryddpeppar, spiskummin, muskotnöt och lite salt och nymalen peppar efter smak.
e) Tillsätt tomater, fond och 4 dl vatten. Öka värmen till hög och låt koka upp, skumma bort avskum som syns på toppen av soppan. Sänk värmen till låg, täck över och låt sjuda i 20 minuter.
f) Ta av locket, rör om och tillsätt vermicelli. Sjud utan lock tills vermicelli är mjuk. Smaka av och justera salt och peppar vid behov. Pressa limejuice i soppan och rör om. Servera varm.

EFTERRÄTT

66. Date Dome Cookies [Ma'moul]

INGREDIENSER:

DATUMFYLLNING:
- ½ pund torkade dadlar, urkärnade
- 2 msk smör
- 1 tsk apelsinblomvatten

KAKDEG:
- 1 kopp osaltat smör, i rumstemperatur
- 1½ dl socker
- 2 tsk färsk apelsin- eller citronjuice
- 1 tsk apelsinblomvatten
- 1 stort ägg
- ½ tesked malda körsbärskärnor [mahlab] [valfritt]
- 3 koppar oblekt mjöl för alla ändamål
- 1 kopp finkornig mannagryn
- ½ tsk salt Konditorsocker att strö över

INSTRUKTIONER:

a) Värm ugnen till 350 grader F. Placera galler i mitten av ugnen. Klä två dubbla luftcells- eller stenkakor med silikonfoder eller bakplåtspapper.

b) Förbered dadelfyllning: Kombinera dadlar, smör och apelsinblomsvatten i en matberedare. Pulsera på och av tills fyllningen har en pastaliknande konsistens. Avsätta.

c) Förbered DEGEN: Kombinera smör och socker i en stor skål och grädde tills den är ljusgul i färgen, cirka 3 till 5 minuter. Tillsätt apelsin- eller citronsaft och apelsinblomvatten; blanda väl och tillsätt sedan ägg och blanda väl igen. Tillsätt körsbärskärnorna, om de används, och rör om för att införliva.

d) Blanda mjöl, mannagryn och salt i en separat stor skål. Tillsätt långsamt mjölblandningen till smörblandningen. Blanda tills en smidig deg bildas och forma den sedan till en boll.

e) För att montera ma'moulen: Bestäm vilken storlek på formen du använder. För en stor form, bryt av degen i 2-tums bitar. För en liten form, bryt av degen i 1½-tums bitar. Rulla degen till bollar mellan handflatorna.

f) Platta ut varje boll och placera 1 tsk dadelblandning i mitten av varje cirkel. Sträck ut degen så att den täcker fyllningen och rulla till bollar. Lägg en av degbollarna i en kakform. Skjut in den i formen tills den är i nivå med formen och fyller hela utrymmet. Håll formens sticka och knacka på dess hals med kakan vänd bort från dig på en hård yta för att ta bort kakdegen.

g) Placera kakan med sidan uppåt på plåten. Upprepa med den återstående degen. Kakor kan placeras ½ tum från varandra eftersom de inte sprider sig.

h) Grädda cirka 20 minuter och låt inte toppen på kakorna bli bruna. Ta ut ur ugnen och toppa med siktat konditorisocker.

i) Låt kakorna svalna på plåtar på galler.

67. Datum Haroset [Agwa]

INGREDIENSER:
- 1 pund dadlar, urkärnade
- 3 msk dadel eller fikonmarmelad

INSTRUKTIONER:

a) Lägg dadlarna i en stor skål och täck med kokande vatten. Låt stå tills det är väldigt mjukt, minst 2 timmar eller över natten.

b) Låt dadlarna rinna av och lägg i en matberedare med fikon- eller dadelsylten.

c) Pulsera på och av tills pastan är slät och mörk. Om pastan verkar för tjock, tillsätt några matskedar vatten, en i taget, för att tunna ut den.

68.Egyptisk pundkaka [Torta]

INGREDIENSER:
- 1 kopp osaltat smör, i rumstemperatur
- 1 kopp socker
- Rivet skal av 1 apelsin
- 1 tsk vaniljextrakt
- 4 stora ägg, vispade till skum
- ½ kopp vanlig helfet grekisk yoghurt
- 1¾ koppar oblekt mjöl för alla ändamål
- 2 tsk bakpulver

INSTRUKTIONER:
a) Värm ugnen till 350 grader F. Placera gallret i mitten av ugnen.
b) Smör och mjöl en 10-tums brödform.
c) Kombinera smör, socker, apelsinskal och vanilj i en stor skål och vispa tills allt är införlivat och ljust. Tillsätt äggen i smörblandningen i 4 delar, vispa ordentligt efter varje tillsats. Rör ner yoghurten.
d) Sikta ner mjöl och bakpulver i blandningen. Rör om ordentligt för att blanda och häll smeten i den förberedda pannan. Grädda i 40 till 45 minuter, eller tills en tandpetare i mitten kommer ut ren. Ta ut kakan från ugnen och låt svalna helt.
e) Vänd ut kakan ur formen. Om kakan inte lossnar lätt, kör försiktigt en smörkniv runt alla kanter och lyft försiktigt så att den kommer ut.
f) Skiva i 1-tums tjocka skivor och servera.

69. Traditionella Eid-kakor [Kahk a L'Eid]

INGREDIENSER:
- 5 koppar oblekt mjöl för alla ändamål
- 1 msk sesamfrön
- 1 kopp klarat smör [ghee]
- 1 dl mjölk
- ¼ tesked salt
- ½ msk aktiv torrjäst
- 1½ msk bakpulver
- ½ tesked rosenvatten21
- ½ tesked mandelextrakt
- ½ tsk mald kanel
- ½ tsk mald kryddnejlika
- ½ tesked mald ingefära
- ½ kopp konditorisocker, till dekoration

INSTRUKTIONER:

a) Värm ugnen till 350 grader F. Klä 2 bakplåtar med bakplåtspapper eller silikonfoder. Häll mjöl i en stor skål och gör en brunn i mitten. Strö sesamfrön i brunnen. Värm det klarnade smöret i en liten kastrull på medelvärme tills det börjar koka. Ta bort från värmen och blanda försiktigt in i mjölet med en träslev. Rör om tills ingredienserna är väl blandade och mjölblandningen svalnar.

b) Blanda mjölk, salt, jäst, bakpulver, rosenvatten, mandelextrakt, kanel, kryddnejlika och ingefära i en separat skål. Tillsätt mjölkblandningen till degen ¼ kopp i taget, blanda väl för att införliva efter varje tillsats. När all mjölkblandning är inkorporerad, forma degen till en boll och vänd ut på en lätt mjölad yta och knåda i 5 till 10 minuter.

c) Bryt av små bitar av deg och rulla till 2-tums bollar. Placera bollar 1-tums isär på bakplåtarna. Platta till topparna något och använd en ma'alit eller gaffel för att göra 3 eller 4 rader av bucklor längs kakornas toppar. Grädda båda kakorna sida vid sida i 14 till 18 minuter, eller tills de är ljust gyllene. Ta ut ur ugnen och överför försiktigt kakorna till galler för att svalna. Fortsätt med resterande deg. Strö kakorna med konditorsocker.

70. Aswan Date Cookies [Biskoweet bil Agwa min Aswan]

INGREDIENSER:
KAKDEG:
- 2 pinnar [1 kopp] osaltat smör, rumstemperatur [reserv omslag för smörjning av bakplåtar]
- ½ kopp socker
- 1 stort helt ägg
- 2 stora äggulor
- 1 tsk rent vaniljextrakt
- 1 kopp mannagryn
- 1½ dl oblekt universalmjöl
- Nypa salt

DATUMFYLLNING:
- 2½ pund dadlar, urkärnade
- 1 tsk mald kanel
- 2 msk osaltat smör, rumstemperatur

GARNERING:
- 1 äggula blandad med en tesked vatten
- ¼ kopp sesamfrön [valfritt]

INSTRUKTIONER:

a) Grädda smöret och sockret i skålen med en elektrisk mixer utrustad med en paddeltillbehör; tillsätt hela ägget, äggulorna och vaniljen och blanda väl. Med mixern igång på låg hastighet, häll sakta i mannagryn, mjöl och salt. Fortsätt blanda tills degen går ihop. Slå in degen i plastfolie och kyl i 1 timme.

b) Smörj två bakplåtar och förvärm ugnen till 375 grader F. Gör fyllningen genom att kombinera dadlar, kanel och smör i en matberedare. Pulsera på och av tills en pasta bildas. Om blandningen verkar för tjock, tillsätt några matskedar vatten för att få en jämn pasta.

c) När degen har svalnat klart, använd en kavel för att kavla ut den till en 10x15-tums rektangel på en lätt mjölad arbetsyta. Gör 4 jämnt fördelade vertikala linjer längs rektangeln.

d) Gör 3 horisontella linjer som går tvärs över rektangeln och gör 12 lika stora bitar.

e) Fyll mitten av varje bit med 1 rågad matsked av dadelblandningen. Använd en bänkskrapa/bakskärare, lyft upp kanterna på degrutorna runt toppen av fyllningen och rulla över till täckning. Försegla kanterna och lämna ändarna exponerade. När de alla har fyllts, skär var och en på mitten och placera 1-tums isär på bakplåtar.
f) Pensla kakornas toppar med äggtvätt och strö över sesamfrön.
g) Grädda i 25 till 30 minuter tills de är gyllenbruna. Låt svalna på plåtarna. Förvara kakorna i en lufttät behållare i rumstemperatur i upp till 2 dagar.

71. Honungsfyllda Eid-kakor [Kahk bil Agameya]

INGREDIENSER:
FYLLNING:
- 4 matskedar klarnat smör[ghee]
- 4 matskedar oblekt mjöl för alla ändamål
- 1 dl apelsinblomshonung
- 4 msk hackade valnötter eller dadlar, om så önskas

DEG:
- 1 tsk socker
- 2 tsk aktiv torrjäst
- 7 koppar oblekt, allsidigt mjöl, siktat med 1 tsk salt
- 1 tsk mald kanel
- 1 tsk mald kryddnejlika
- 1 tsk mald ingefära
- 2 koppar klarat smör [ghee]
- 1 dl konditorsocker, till topping

INSTRUKTIONER:
a) För att göra FYLLNING: Smält klarnat smör i en stor kastrull på medelvärme. Tillsätt mjölet och rör om med en träslev tills blandningen ändrar färg. Ta bort från värmen och rör ner honungen, blanda väl för att införliva. Sätt tillbaka pannan till värmen och fortsätt att röra tills blandningen tjocknat, cirka 10 till 20 minuter.
b) Ta bort från värmen, rör i nötter eller dadlar, om så önskas, och låt svalna helt. När blandningen är kall, bryt av mycket små bitar av fyllningen och rulla till ärtstora bollar. Lägg på ett ark vaxpapper eller plastfolie tills du är redo att fylla kakorna.
c) För att göra DEGEN: I en liten skål, lös upp sockret i ¼ kopp varmt vatten. Tillsätt jästen och rör om. Låt blandningen sitta i 10 minuter. Blanda mjölet med salt, kanel, kryddnejlika och ingefära i en stor mixerskål och gör en brunn i mitten. Koka upp det klarnade smöret i en medelstor kastrull på medelvärme.
d) Häll i mitten av mjölblandningen och rör om för att införliva ingredienserna, rör om tills blandningen har svalnat. När degen är helt kall, rör ner jästblandningen.

e) Klä 2 plåtar med bakplåtspapper eller silikonfodral. Pudra en ren arbetsyta med extra mjöl. Vänd ut degen på arbetsytan och knåda i 10 minuter, tills degen är mjuk och smidig. Bryt av 1-tums bitar av degen och forma till äggformar.
f) Gör ett hål i mitten av varje och sätt i en boll av fyllningen. Täck hålet och forma kakorna till bollar.
g) Placera kakor med 1 tums mellanrum på de förberedda kakplåtarna. Gör 3 eller 4 rader med linjer över kakornas toppar med en gaffel eller en ma'alit. Täck kakorna med en kökshandduk och låt vila i 1 timme.
h) Värm ugnen till 375 grader F. Baka kakor i 20 minuter eller tills de stelnat. Ta bort från ugnen. Sikta konditorsocker på toppen och låt svalna på pannorna.

72. Faraos Foie Gras [Kibdet Firakh]

INGREDIENSER:

- 2 koppar [4 sticks] osaltat smör, i rumstemperatur, plus extra för smörskål
- 2 pund kycklinglever, putsade
- 1 medelstor lök, tunt skivad
- 5 vitlöksklyftor, hackade
- 2 dl kycklingfond
- Saften av 1 citron
- 1 tsk salt, eller efter smak

GARNIER

- ⅓ kopp färska hela korianderblad
- ⅓ kopp färska hela myntablad
- ⅓ kopp färska hela bladpersilja
- ¼ kopp valnötshalvor
- 1 pint färska fikon, halverade om så önskas

INSTRUKTIONER:

a) Smöra en 4-kopps suffléform eller brödform. Klä formen med plastfolie och smör in plastfolien. Kombinera kycklinglever, lök, vitlök och fond i en medelstor kastrull och låt koka upp på hög värme. Sänk värmen till låg, täck över och låt sjuda tills levern är genomstekt, cirka 10 minuter.

b) Häll av matlagningsvätskan och överför lever, lök och vitlök till en matberedare. Tillsätt smör, citronsaft och salt och bearbeta tills det är jämnt och alla ingredienser är jämnt fördelade och smöret är helt införlivat. Överför till den förberedda skålen eller pannan, täck över och ställ i kylen över natten eller tills den stelnar [minst 4 timmar].

c) Att servera: Ta av formen eller pannan och kör en kniv runt kanterna på patén för att lossa den. Lägg ett serveringsfat ovanpå suffléfatet och vänd upp och ner. Ta försiktigt bort plastfolien. Ordna koriander, mynta och persilja runt kanterna på tallriken. Garnera toppen av patéen med valnötter och arrangera färska fikon ovanpå och runt patéen. Servera kall.

73. Körsbärstoppade mannagryn [Biskoweet bil Smeed wa Kareez]

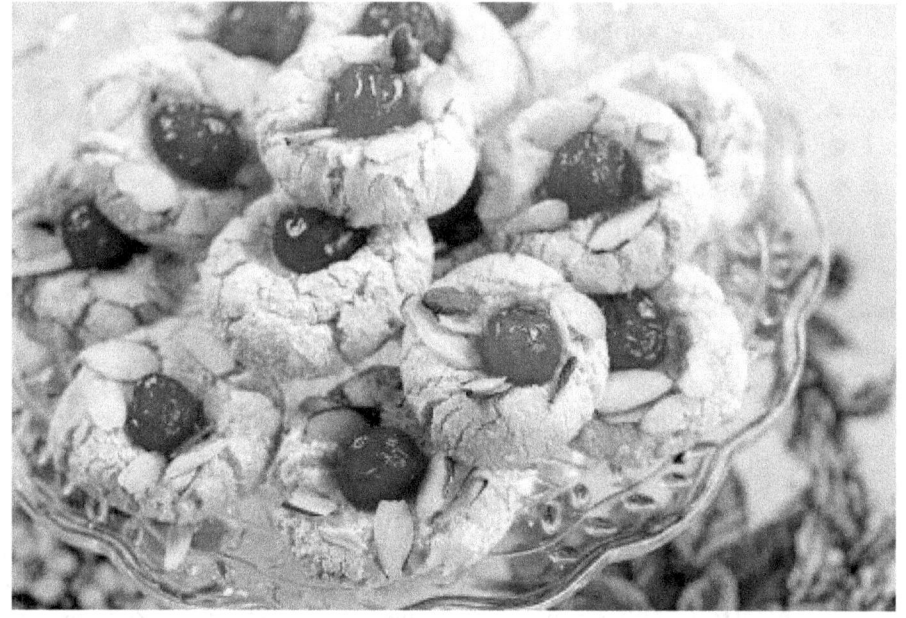

INGREDIENSER:
- ½ kopp mannagryn
- ½ kopp mald mandel
- ½ kopp socker
- ¼ tesked mald kanel
- 1 äggvita
- 10 maraschino körsbär, halverade
- 2 msk aprikossylt

INSTRUKTIONER:
a) Klä 2 plåtar med bakplåtspapper eller silikonfodral. Blanda mannagryn, mandel, socker och kanel i en skål. Vispa äggvitan i en separat skål tills det bildas styva toppar; vänd ner i mjölblandningen. Rulla degen till 1-tums bollar och lägg minst 1 tums mellanrum på plåtar.
b) Lägg hälften av ett körsbär ovanpå varje kaka och tryck ner något. Kyl i 1 timme för att kyla.
c) Värm ugnen till 475 grader F. Baka kakor i mitten av ugnen, tills de är lätt gyllene, 8 till 10 minuter. Lägg sylten i en liten kastrull med en matsked vatten och koka på medelvärme tills den smält.
d) Sila genom en sil och pensla på varma kakor.
e) Låt svalna på pannor; servera i rumstemperatur.

74.Krämig apelsinpudding [Mahallabayat Bortu'an]

INGREDIENSER:
- 3 koppar färskpressad apelsinjuice [ungefär 15 till 20 apelsiner]
- 3 msk rismjöl
- 3 matskedar majsstärkelse, löst i ¼ kopp vatten
- ¾ kopp socker, eller efter smak
- Rivet skal av 1 apelsin

INSTRUKTIONER:
a) Lägg apelsinjuice, rismjöl, majsstärkelseblandning, socker och apelsinskal i en stor kastrull och rör om.
b) Koka upp på medelvärme och låt koka i två minuter, rör hela tiden med en träslev.
c) Sänk värmen till låg och låt puttra, rör om ofta, tills puddingen är hälften av sin ursprungliga volym, mellan 10 och 20 minuter.
d) När puddingen har tjocknat, låt den svalna helt och överför sedan till en stor, genomskinlig serveringsskål eller enskilda puddingrätter.

75. Semolina tårta med honungssirap [Basboosa]

INGREDIENSER:
SIRAP:
- 1 citron
- 1 kopp socker
- 2 tsk honung

SEMOLINAKAKA:
- Osaltat smör, för smörjning av panna
- 1½ koppar mannagryn
- ½ kopp oblekt universalmjöl
- ½ kopp socker
- 1 tsk bakpulver
- ¾ kopp [1½ sticks] osaltat smör, i rumstemperatur
- ½ kopp vanlig, fullfet yoghurt
- En handfull blancherade mandel, att dekorera

INSTRUKTIONER:

a) För sirapen: Skala 2 till 3 remsor av citronskal från citronen och lägg i en medelstor kastrull. Safta citronen och häll i samma kastrull. Tillsätt socker och 1 dl vatten och rör om.

b) Koka försiktigt upp på medelvärme, rör om då och då. Sluta röra när blandningen börjar koka och låt blandningen sjuda i några minuter. Ta sirapen från värmen, tillsätt honung och rör om. Låt svalna lite och släng sedan citronskalet. Ställ åt sidan för att svalna helt medan du gör kakan.

c) Värm ugnen till 350 grader F. Smörj en 11x17-tums bakplåt med lite osaltat smör. Blanda mannagryn, mjöl, socker och bakpulver tillsammans i en stor skål. Tillsätt smör, blanda väl och rör sedan ner yoghurten. Bred ut blandningen i den förberedda pannan.

d) Med våta händer, tryck ner jämnt, se till att ytan är slät och jämn. Placera mandlar ovanpå cirka 2 tum från varandra och gör 6 rader med 4 jämnt fördelade mandlar. Grädda i 30 till 40 minuter, eller tills de är gyllene.

e) Ta ut kakan från ugnen och skär ungefär halvvägs genom kakans tjocklek i 2x2-tums rutor eller diamanter [med en mandel i mitten av varje], var noga med att inte skära hela vägen ner till botten av formen [detta skulle gör att sirapen omedelbart sjunker till botten när den hälls ovanpå].

f) Häll sirap jämnt över den varma kakan och låt kakan stå en stund tills den är kall och sirapen har absorberats.

76. Aprikospudding [Mahallibayat Amr al Din]

INGREDIENSER:
- 1 pund torkade aprikoser, skurna i små bitar
- 1 kopp socker
- 4 matskedar potatisstärkelse löst i ¼ kopp kallt vatten
- En näve blancherad mandel eller andra nötter, att dekorera
- En näve russin, att dekorera

INSTRUKTIONER:
a) Lägg aprikosbitar i en stor skål och täck dem med 4 dl kokande vatten. Låt stå i rumstemperatur över natten eller tills aprikosbitarna drar åt sig det mesta av vattnet.
b) Tillsätt socker i aprikoserna och rör om. Purea blandningen i en mixer.
c) Häll aprikospurén i en medelstor kastrull. Tillsätt potatisstärkelseblandningen och rör om väl med en träslev för att kombinera. Öka värmen till hög och koka blandningen i 2 minuter under konstant omrörning.
d) Sänk värmen till medel-låg och fortsätt koka puddingen, rör långsamt, tills den tjocknar och drar sig bort från kastrullens sidor.
e) Häll pudding i individuella ramekins eller en stor dekorativ skål. Strö russin och nötter ovanpå i ett mönster genom att lägga kakformar ovanpå och fylla insidan av formerna med nötter eller russin.
f) Ta bort kakformarna och kyl puddingen i cirka 2 timmar eller tills den stelnat. Servera kall.

77.Roz Bel Laban [Rispudding]

INGREDIENSER:
- 1/2 kopp kortkornigt ris
- 4 koppar helmjölk
- 1/2 kopp socker
- 1 tsk vaniljextrakt
- Mald kanel till garnering

INSTRUKTIONER:
a) Skölj ris och blanda med mjölk i en kastrull. Koka på låg värme tills riset är mört.
b) Tillsätt socker och vanilj, rör om tills blandningen tjocknar.
c) Häll upp i serveringsskålar, kyl och garnera med mald kanel innan servering.

KRYDDER

78. Meshaltet [klargjort smör och honungspålägg]

INGREDIENSER:
- 1 kopp klarat smör [ghee]
- 1/2 kopp honung
- Bröd till servering

INSTRUKTIONER:
a) Smält klarnat smör i en kastrull på låg värme.
b) Rör i honung tills det är väl blandat.
c) Servera blandningen över varmt bröd.

79.Dukkah [egyptisk nöt- och kryddblandning]

INGREDIENSER:
- 1/2 kopp hasselnötter
- 1/4 kopp sesamfrön
- 2 msk korianderfrön
- 2 matskedar spiskummin
- 1 tsk svartpepparkorn
- Salt att smaka

INSTRUKTIONER:
a) Rosta hasselnötter, sesamfrön, korianderfrön, spiskummin och svartpepparkorn i en panna tills de doftar.
b) Mal de rostade ingredienserna till en grov blandning.
c) Tillsätt salt efter smak. Använd som dipp med bröd, strö på sallader eller som överdrag på kött.

80. Tahinisås [Sesamfrönpastsås]

INGREDIENSER:
- 1/2 kopp tahini [sesamfröpasta]
- 2 vitlöksklyftor, hackade
- 1/4 kopp citronsaft
- Salt att smaka
- Vatten [efter behov för önskad konsistens]

INSTRUKTIONER:
a) Blanda tahini, hackad vitlök och citronsaft i en skål.
b) Tillsätt salt efter smak och justera konsistensen med vatten.
c) Servera som dipp, salladsdressing eller ringla över grillat kött.

81.Shatta [egyptisk varm sås]

INGREDIENSER:
- 6-8 röda chilipeppar, frön borttagna
- 3 vitlöksklyftor
- 1 tsk malen spiskummin
- Salt att smaka
- Olivolja [valfritt]

INSTRUKTIONER:
a) Blanda röd chilipeppar, vitlök, spiskummin och salt till en jämn smet.
b) Justera salt och ringla över olivolja om så önskas. Använd som kryddig krydda till olika rätter.

82. Bessara [Fava Bean Dip]

INGREDIENSER:

- 2 dl kokta favabönor
- 3 vitlöksklyftor, hackade
- 1/4 kopp olivolja
- Citronsaft efter smak
- Salt och spiskummin efter smak

INSTRUKTIONER:

a) Blanda favabönor, finhackad vitlök, olivolja, citronsaft, salt och spiskummin tills det är slätt.
b) Justera krydda och servera som dipp eller pålägg till bröd.

83. Vitlökssås [Toum]

INGREDIENSER:
- 1 dl vitlöksklyftor, skalade
- 2 koppar vegetabilisk olja
- 1 msk citronsaft
- Salt att smaka

INSTRUKTIONER:
a) Mixa vitlök och en nypa salt i en matberedare tills den är finhackad.
b) Med processorn igång, ringla sakta i vegetabilisk olja tills blandningen blir en tjock, krämig sås.
c) Tillsätt citronsaft och salt efter smak. Använd som dipp eller pålägg.

84. Amba [Inlagd mangosås]

INGREDIENSER:
- 1 dl grön mango, tärnad
- 1/4 kopp malen bockhornsklöver
- 1 tsk mald gurkmeja
- 1 tsk malen spiskummin
- 1 tsk chilipulver
- Salt att smaka

INSTRUKTIONER:
a) Kombinera tärnad mango, bockhornsklöver, gurkmeja, spiskummin, chilipulver och salt.
b) Blanda väl och låt stå i en dag så att smakerna smälter samman. Servera som ett syrligt tillbehör.

85. Sumac kryddblandning

INGREDIENSER:
- 2 msk mald sumak
- 1 msk mald spiskummin
- 1 msk mald koriander
- 1 tsk salt

INSTRUKTIONER:
a) Blanda mald sumak, spiskummin, koriander och salt tillsammans.
b) Använd denna kryddblandning för att strö över sallader, grillat kött eller som krydda till olika rätter.

86.Molokhiasås

INGREDIENSER:
- 2 dl färska molokhiablad
- 2 vitlöksklyftor, hackade
- 1 msk olivolja
- Citronsaft efter smak
- Salta och peppra efter smak

INSTRUKTIONER:
a) Koka molokhiabladen tills de är mjuka och blanda sedan tills de är slät.
b) Fräs hackad vitlök i olivolja i en panna och tillsätt sedan molokhiapurén.
c) Smaka av med citronsaft, salt och peppar.
d) Servera som en sås över ris eller bröd.

87.Za'atar kryddblandning

INGREDIENSER:
- 2 msk torkad timjan
- 2 msk mald sumak
- 2 msk sesamfrön
- 1 msk torkad mejram
- 1 tsk salt

INSTRUKTIONER:
a) Blanda torkad timjan, mald sumak, sesamfrön, torkad mejram och salt tillsammans.
b) Denna aromatiska blandning kan användas som smaksättare för bröd, sallader eller som ett dopp med olivolja.

88.Besara [ört- och bönadip]

INGREDIENSER:

- 2 koppar kokta favabönor
- 1 dl färsk koriander, hackad
- 1 dl färsk persilja, hackad
- 3 vitlöksklyftor, hackade
- 1/4 kopp olivolja
- Salt och spiskummin efter smak

INSTRUKTIONER:

a) Blanda favabönor, koriander, persilja, vitlök och olivolja till en slät massa.
b) Krydda med salt och spiskummin.
c) Servera som dipp eller pålägg till bröd.

89.Tarator [Sesam- och vitlökssås]

INGREDIENSER:
- 1/2 kopp tahini [sesamfröpasta]
- 2 vitlöksklyftor, hackade
- 1/4 kopp citronsaft
- 2 matskedar vatten
- Salt att smaka

INSTRUKTIONER:
a) Vispa ihop tahini, finhackad vitlök, citronsaft och vatten tills det är slätt.
b) Tillsätt salt efter smak. Använd som sås till falafel, grillat kött eller som salladsdressing.

90. Sesammelass [Dibs och Tahini]

INGREDIENSER:
- 1/2 kopp tahini [sesamfröpasta]
- 1/4 kopp granatäpple melass
- 1 matsked honung [valfritt]

INSTRUKTIONER:
a) Blanda tahini, granatäpplemelass och honung [om du använder] tills det är väl blandat.
b) Använd som ett sött och syrligt dopp eller duggregn till desserter, frukter eller bröd.

DRYCK

91.Svart te med mynta [Shai bil Na'na]

INGREDIENSER:
- 4 teskedar svarta, lösa teblad av hög kvalitet
- 4 koppar kokande vatten
- Socker, om så önskas
- 4 myntakvistar

INSTRUKTIONER:
a) I en tekanna, lägg tebladen i kokande vatten. Täck och låt dra i 10 minuter för starkt te, eller 5 minuter för regelbunden styrka.
b) Rör i socker, om så önskas.
c) Lägg myntakvistar i glas. Sila teet och häll över mynta i glas.

92.Tamarindjuice [Assir Tamr Hindi]

INGREDIENSER:
- 2 dl tamarindsirap
- 4 koppar kallt vatten

INSTRUKTIONER:
a) Häll tamarindsirap och vatten i en kanna.
b) Rör om väl för att kombinera och ställ kallt tills servering.

93. Kummin te [Kummin]

INGREDIENSER:
- 4 tsk rostade kumminfrön
- Socker efter smak

INSTRUKTIONER:
a) Koka upp 4 dl vatten och kummin i en medelstor kastrull på hög värme.
b) Koka i 2 minuter och sila sedan av i 4 tekoppar.
c) Söta med socker om så önskas.

94.Beduinté [Shai Bedawi]

INGREDIENSER:
- 4 teskedar beduinté [eller torkad timjan eller torkad salvia]
- 4 teskedar torkade ekologiska rosenknoppar
- 1 kanelstång
- 4 teskedar löst svart te [vanligt eller koffeinfritt]
- Socker, om så önskas

INSTRUKTIONER:
a) Värm 4½ koppar vatten, beduinté, torkade rosenknoppar, kanelstång och löst svart te i en tekanna eller kastrull över hög värme.
b) När vattnet kokar, sänk värmen till låg och låt sjuda i 5 minuter.
c) Stäng av värmen och blöt teet, täckt, i 5 minuter. Sila av i tekoppar och söta med socker om så önskas.

95.Egyptisk lemonad [Assir Limoon]

INGREDIENSER:

- 2 mogna citroner, i fjärdedelar
- 5 matskedar socker
- 5 matskedar honung
- 1 tsk apelsinblomvatten
- 6 myntakvistar, till garnering

INSTRUKTIONER:

a) Placera citroner och 6 dl vatten i en kastrull; täck och låt koka upp.
b) Sänk värmen och låt sjuda i 20 minuter. Sila vätskan i en kanna och pressa saften av citronerna genom silen med en gaffel.
c) Tillsätt socker, honung och apelsinblomvatten. Rör om väl och låt sedan svalna. Kyl lemonad tills den är kall.
d) Före servering, lägg saften i en mixer och vispa tills den blir skum.
e) Servera i kylda glas garnerade med myntakvistar.

96. Guava och kokosnötscocktail [Cocktail bil Gooafa, Manga, wa Jowz al Hind]

INGREDIENSER:
- 1 dl kall mangonektar
- 1 dl kall sötad kokosmjölk, väl omrörd
- 1 kopp kall rosa guava nektar

INSTRUKTIONER:
a) Ställ fyra klara glas i kylen och kyl i 15 minuter.
b) Häll ¼ kopp mango-nektar i varje glas.
c) Håll en sked upp och ner över toppen av mangonektarn och häll ¼ kopp sötad kokosmjölk över toppen av den i varje glas.
d) Håll en sked upp och ner över toppen av kokosmjölken och häll ¼ kopp av den rosa guavanektarn över kokosmjölken i varje glas.
e) Servera omedelbart.

97. Hemlagad aprikosjuice [Assir Amr Din]

INGREDIENSER:
- 1 pund torkade aprikoser, hackade i små bitar
- 1 kopp socker

INSTRUKTIONER:
a) Lägg aprikoserna i en stor, värmetålig skål och täck dem med 6 dl kokande vatten.
b) Låt dra tills aprikosbitarna löser sig [detta kan ta allt från några timmar till över natten, beroende på aprikoserna].
c) Rör ner sockret i aprikoserna tills det löst sig. Purea blandningen i en mixer.
d) Kyl tills kallt.

98.Varm kaneldrink [Irfa]

INGREDIENSER:
- 4 kanelstänger
- 4 tsk socker, eller efter smak
- 4 tsk blandade osaltade nötter, hackade

INSTRUKTIONER:
a) Kombinera kanelstänger med 4 dl vatten i en medelstor kastrull och låt koka upp.
b) Koka tills kanelstängerna öppnar sig och släpper sin arom, cirka 10 minuter.
c) Ta bort kanelstänger från vätskan med en hålslev och släng dem.
d) Tillsätt socker och rör om väl. Häll vätska i tekoppar och toppa varje portion med en tesked blandade nötter.

99.Lakritsdryck [Ir'sus]

INGREDIENSER:

- 3 msk mald lakritsrot
- ⅛ kopp honung eller socker efter smak

INSTRUKTIONER:

a) Lägg mald lakritsrot i en tebollssil som används för löst te. Placera silen i en kanna och fyll med ½ liter kallt vatten. Låt detta sitta i 1 timme och ta sedan bort tebollen.

b) Sila vätskan genom en fin sil i en annan kanna och söta med honung eller socker om så önskas. Täck kannan och skaka kraftigt eller virvla i mixer för att skapa en skummande topp.

c) Servera iskall.

100. Hibiscus Punch [Karkade]

INGREDIENSER:
- 1 kopp torkade hibiskusblad
- ½ dl socker, eller efter smak
- 1 tsk apelsinblomvatten

INSTRUKTIONER:
a) Fyll en stor gryta med en liter vatten. Tillsätt hibiskusblad och låt koka upp på hög värme.
b) Låt koka 5 minuter; avlägsna från värme.
c) Sila saften genom ett durkslag till en kanna. Tillsätt socker och apelsinblomsvatten och rör om.
d) Kasta löv eller använd dem som gödningsmedel i din trädgård. Servera punschen varm, rumstempererad eller kall.

SLUTSATS

När vi avslutar vår kulinariska resa genom "DEN ULTIMA EGYPTISKA GATA MATEN 2024", hoppas vi att du har upplevt rikedomen och mångfalden i Egyptens livliga gatumatscen i bekvämligheten av ditt eget kök. Varje recept på dessa sidor är en hyllning till de smaker, aromer och kulturella influenser som gör egyptisk gatumat till en sann kulinarisk njutning.

Oavsett om du har njutit av kosharis rejäla godhet, omfamnat ta'ameyas välsmakande crunch eller njutit av de söta tonerna av basbousa, litar vi på att dessa 100 recept har gett en smak av Egyptens livliga gator till ditt bord. Utöver ingredienserna och teknikerna, må andan i det egyptiska gatuköket inspirera dig att ingjuta dina måltider med den värme, gemenskap och glada anda som definierar denna kulinariska tradition.

När du fortsätter att utforska den stora världen av egyptiska smaker, må "DEN ULTIMA EGYPTISKA GATA MATEN 2024" vara din pålitliga följeslagare, som guidar dig genom marknaderna, gränderna och den rika gobelängen av smaker som gör egyptisk gatumat till en oförglömlig upplevelse. Här ska du njuta av Egyptens mångsidiga och läckra smaker – god aptit!

www.ingramcontent.com/pod-product-compliance
Lightning Source LLC
Chambersburg PA
CBHW071324110526
44591CB00010B/1019